Diane CHAUVELOT

L'INCONSCIENT DANS TOUS SES ETATS

POINT HORS LIGNE
DISTRIBUTION : DISTIQUE T : (16) 37.34.84.84.

TABLE DES MATIERES

- L'INCONSCIENT DANS TOUS SES ETATS -

TABLE DES MATIERES

- L'INCONSCIENT DANS TOUS SES ETATS -

AVANT-PROPOS

Discours du coma, Discours de la vision, Discours du sens, Discours de la passe, ne serait-ce pas trahir la liberté des textes ici réunis que de les soumettre à l'un des canons les plus classiques de la littérature psychanalytique ? Fût-ce pour tenter, en dernier ressort, une percée vers «un discours qui ne serait pas du semblant» ? Dans cette descente aux profondeurs à laquelle nous entraîne l'évocation par Diane Chauvelot de son coma, peut-être faudrait-il en effet - le poète lui revient quelque part en mémoire - «ne plus se sentir guidé par les haleurs».

Encore a-t-elle pris soin de nous en avertir : non seulement le récit qu'elle nous donne de son coma est rétrospectif, mais surtout du fond de cet abîme c'est une psychanalyste qui se fait entendre, une psychanalyste qui garde en son inconscient une sorte d'interlocuteur, avant de se faire entendre de son entourage hospitalier, puis de nous-mêmes. Ainsi le discours «du» psychanalyste (dans l'acception du «de» objectif, celle du *de Magistro*), apparaît-il stratifié. Lorsque nous imaginons de nous soustraire à l'ordre du discours, n'est-ce donc pas que nous changeons simplement de discours ? Dans la présentation classique des quatre discours, n'oublions pas d'ailleurs que le discours «du» psychanalyste demeure un discours «du» semblant, son originalité ne tenant qu'en ceci que la cause du désir y vient précisément en une position de semblant.

Sans forcer l'analogie entre des discours disparates, permettons-nous un bref intermède linguistique. Fort curieusement tout se passe comme si le développement du terme de kôma dans la langue grecque nous découvrait l'envers de l'expérience. Dans *l'Iliade*, le kôma est doté d'une tonalité de jouissance, il désigne la douce torpeur, le voile d'illusion dont l'être est «enveloppé» : tel Zeus (Chant XIV, 352), «dompté par le sommeil ainsi que par l'amour, son épouse entre les bras. Lors, le doux sommeil (ὕπνοσ) se met à courir vers les nefs achéennes, pour porter la nouvelle au Maître de la terre, à l'ébranleur du sol. Il s'approche et lui dit ces mots ailés : "Maintenant, Poseidon, prête franchement ton aide aux Danaens ; donne leur la gloire, ne fût-ce qu'un instant, tandis que Zeus sommeille encore. Je l'ai enveloppé d'un doux kôma (μαλακὸν περὶ κῶμα κάλυψα), et Héré, pour le jouer, lui a fait goûter l'amour dans ses bras"». De même dans *l'Odyssée* (Chant XVIII, 201) : «Dans l'atroce douleur où j'étais, un doux kôma m'a enveloppé (μάλακὸν περὶ κῶμ' ἐκάλυψεν)».

Cette association du kôma au kaluptein - mouvement d'enveloppement et d'envoûtement - on y reconnaîtra l'art de la sirène, l'art de Calypso. Lorsque Hippocrate (*Traité des Epidémies*) emploie le terme de kôma dans son acception médicale, distinguant le sommeil du kôma en ce que le premier est discontinu, le second continu, c'est donc par transposition d'un thème dont la poésie a su tirer parti, celui d'une éclipse du moi qui a fonction de ravissement.

Confrontons donc cet arrière-plan historique du kôma avec l'expérience effective qu'évoque Diane Chauvelot. Le renversement auquel nous assistons n'est pas sans analogie avec celui auquel Freud nous initie dans les *Trois coffrets*. Aphrodite, nous dit Freud, est l'illusion dont s'enveloppe l'Anankè. Le Goulag, dans l'expérience de Diane Chauvelot, est la vérité d'une conscience évanescente. Songeons encore à la fonction du mythe endopsychique. La structure de l'appareil psychique, c'est-à-dire la coupure entre le conscient et l'inconscient, se projette dans l'immortalité et dans l'au-delà. Ces projections remplissent ainsi la fonction d'Aphrodite, celle d'un enveloppement par l'illusion - par le kôma.

D'où le problème : le Goulag, vérité du kôma, est-il du registre de l'inconscient ? Ou bien la vérité de l'inconscient est-elle au-delà de l'inconscient ?

Ce qui signifierait que le discours de l'inconscient soit en effet un discours du semblant - que la psychanalyse en tant que discours «de» l'inconscient soit également un discours du semblant et que ce discours qui ne serait pas du semblant, le discours de l'impossible, s'il reçoit ici la désignation du Goulag, c'est que l'impossible est la vérité de notre être, la répétition son expression dans le cycle de l'ananké : l'inconscient n'est pas un domaine, nous dit Freud, il est la figure de l'exclusion.

Dans cette vue, les autres textes remis dans ce volume auront à être pratiqués plutôt qu'étudiés, à moins qu'on entende de telles «études» dans l'acception du musicien. Etudes «du» kôma, de calypso et du coma ; études, en bref, apocalyptiques.

Ce que le kôma cache, en effet (καλύπτει), l'Apocalypse (Ἀποκάλυψισ) le découvre ; sous cette réserve que le coma des modernes a perdu l'accent de ravissement du kôma, comme par anticipation du désastre obscur vécu par notre auteur.

Etudes apocalyptiques ou de l'autodestruction du monde. Thème freudien s'il en fut, thème lacanien qui nous remet en mémoire, avec l'assonance dont Queneau s'est joué d'homme avec atome, ce Séminaire de Sainte-Anne où Lacan, lors de l'avortement d'une conférence à quatre réunie à Paris, n'a pas cru déroger au telos de son propre discours, en évoquant à l'horizon du discours du semblant de la psychanalyse, la perspective transanalytique d'une Apocalypse.

Le Freud du *Malaise* n'avait-il pas anticipé déjà sur ce temps où l'accroissement en spirale de la culpabilité amènerait l'humanité à un état de tension intolérable ?

Pierre Kaufmann

I

SON INGERENCE DANS LE TALENT DE L'ARTISTE

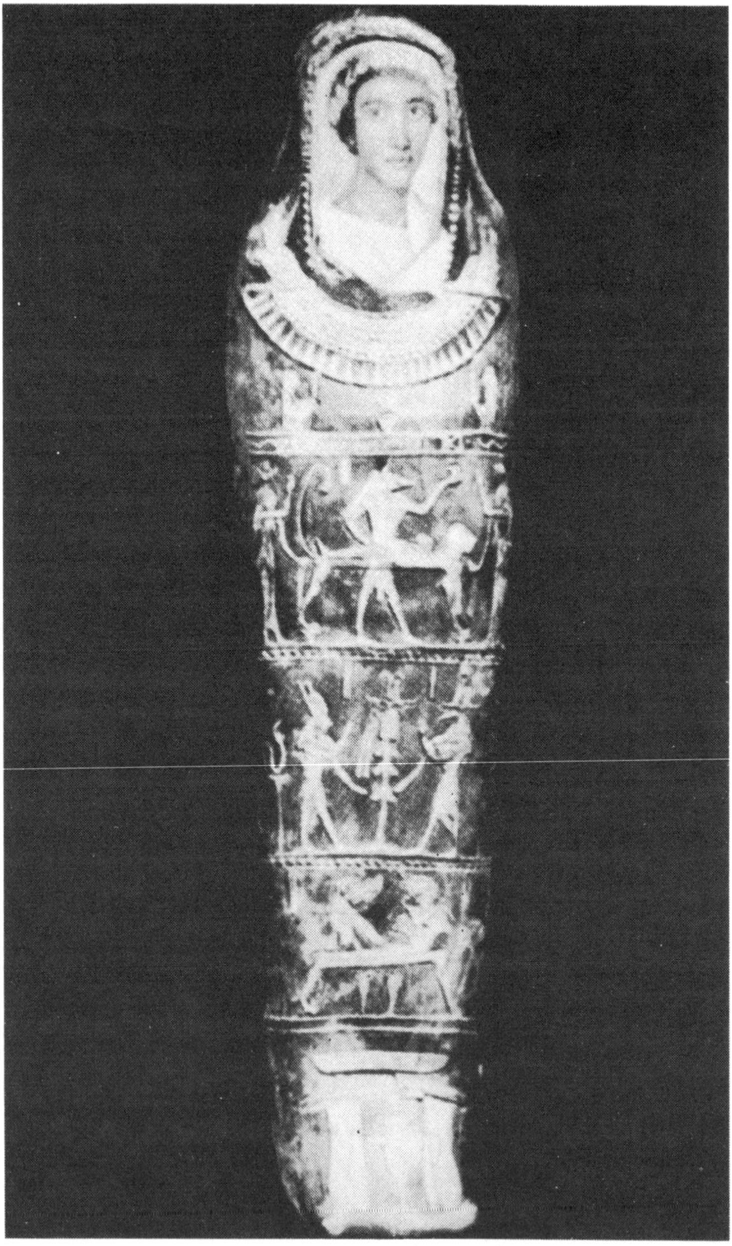

LE REGARD SUSPENDU

Tel que Merleau-Ponty l'a cerné dans le domaine de la philosophie[1] tel le regard se doit d'être questionné dans deux autres champs où il est également essentiel :

- dans celui de la psychanalyse, puisque dans sa visée de théoricien l'analyste en fait «l'objet petit a» le plus insaisissable, le regard de l'être parlant qui devient ainsi le parlant-regardant,
- dans celui de la peinture, puisque le peintre dans sa visée de portraitiste fait du regard l'essentiel du portrait, l'objet petit a du modèle, qu'il capture.

Cet objet petit a, ce regard qui ne cesse de s'élancer du tableau, par la suspension du mouvement de chute qui le définissait, par l'impossible de cet état d'objet petit a qui ne tombe pas, rompt la trame, la structure attachée à sa chute et laisse, par cette déchirure immobile, fuser l'en-deça du visage. Et ce qu'il y a derrière ce visage comme derrière son image, ce reste, c'est, hors le mouvement et le temps, inaliénable, inimaginable, non-symbolisable : le réel.

La capture du regard épingle du même coup sur la toile, avec l'objet petit a, un bout de réel.

Et c'est ça - ce bout de réel - qui affecte, qui fait du portrait plus qu'une image, plus qu'une représentation.

Puisque ce que ce regard, petit a privilégié, arrêté avant sa chute dans son mouvement de jet éternisé, donne à voir est une découverte, une reconnaissance imprévue, imparable, aussi in-

1. M. Merleau-Ponty : *Le visible et l'invisible*, Paris, Gallimard.

évitable qu'impossible à forcer, aussi surprenante pour le peintre que pour son modèle.

C'est un surgissement autonome - comme un mot d'esprit, comme une interprétation analytique, comme une formation de l'inconscient.

Comme l'analyste, par son interprétation, peut faire apparaître, avec un signifiant nouveau, tout un champ dissimulé par le refoulement, le peintre, par son interprétation d'artiste s'il ne se défend pas de son propre inconscient, peut voir apparaître cet imprévu redouté : le réel.

Avec le regard, analyste et peintre ont à faire là à un même objet.

A un même discours ?

A un même acte ?

Sont-ils, dans leur quête, comparables ?

L'art est antérieur à l'analyse, mais l'inconscient est contemporain du langage. L'artiste - peintre, poète, musicien - est l'interprétant premier, s'il est vrai que l'interprétation est formation de l'inconscient, de même structure que le mot d'esprit : involontaire, saisissante, intelligible seulement dans l'après-coup, même à son auteur.

L'interprétation ressort du savoir inconscient, et non du savoir.

Et c'est bien probablement sans le savoir que le peintre abstrait Manessier a déclaré au cours d'une émission télévisée : «*Un peintre qui sait est un peintre foutu*» ... Ainsi le «*Je ne cherche pas, je trouve*» de Picasso : la trouvaille est involontaire, comme le mot d'esprit, comme l'interprétation.

«*L'artiste*, dit Lacan (le Synthome), *est un pur artificier, un homme de savoir-faire, parce qu'il est inconscient du synthome qu'il fait - il le simule*». Il est donc, comme l'analyste, en place de semblant.

Le peintre est-il supposé-savoir ?

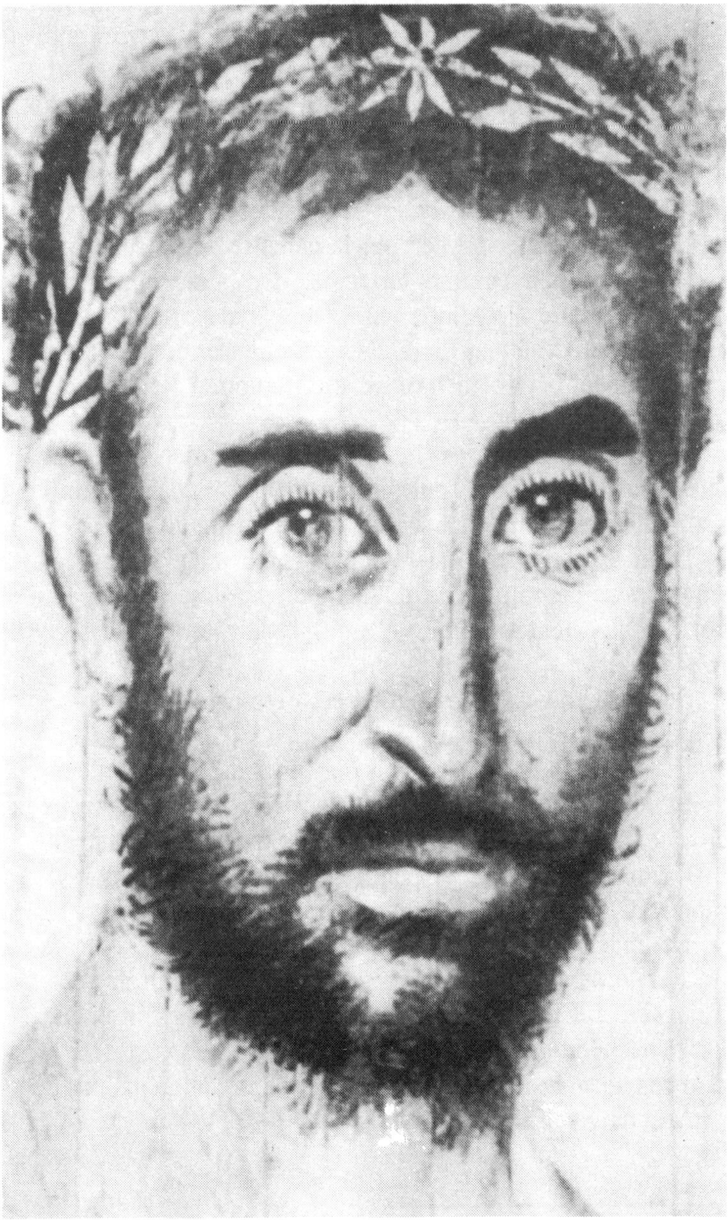

Il est, en tout cas, supposé voir-ça. Le mot a été dit par un modèle en regardant son portrait : «*Comment avez-vous pu voir ça ?*» - sous entendu que personne n'a vu.

Il y a donc transfert, comme il y a transfert chaque fois qu'il y a supposé-savoir.

Ce transfert supporté par le peintre, qui n'est donc pas un transfert d'analyse, ce transfert-là lui aussi se déplace lorsque la toile est terminée et payée ; par la dépense acceptée, le peintre est bien reconnu comme tel mais, du même coup, comme l'analyste, quitté ; le peintre aussi, au départ de son modèle, est rejeté vers un désêtre qu'il dénie à commencer un autre portrait.

Le modèle fait le portraitiste, comme l'analysant fait l'analyste.

L'être parlant regarde, le peintre est un parlant qui voit. S'il interprète ce qu'il voit - qui dit interpréter dit chaîne signifiante - son interprétation donne à voir. A voir un signifiant.

D'où le plaisir qui lui revient du plaisir de ses pairs - les amateurs de peinture, ceux de la même paroisse. Nous y retrouvons le mécanisme du mot d'esprit et le rôle de la *dritte Person*[2].

Supposé voir-ça ? Le peintre, en effet, est supposé avoir des yeux pour voir - ce qui le spécifie.

Il a des yeux pour voir : voir que les choses le regardent.

Et ce qui est à montrer n'est pas l'image perçue - reçue par chaque rétine - mais le regard que vous jette chaque objet.

Comme l'analyste, le peintre n'est pas placé vis-à-vis du monde extérieur dans la position d'observateur.

Le trajet réflexif perception-représentation ne se fait pas par un simple rebond, inversant le sens, comme un miroir ; c'est un trajet tortueux qui se perd dans les arcanes de l'inconscient.

«*Un oeil, un pinceau*» disaient les impressionnistes. C'est-à-dire pas de sujet pensant entre les deux, pas de choix, pas de jugement de valeur, pas de savoir.

2. Freud, *Le mot d'esprit et ses rapports avec l'inconscient*, Payot.

Seulement un être parlant-regardant, inscrivant ce que son regard a capté, ou le rejetant après en avoir joui d'un plaisir non partageable.

Un sujet non plus extérieur au monde à contempler ou entendre - et juger - mais un sujet inclus dans ce monde même, lié à tout objet par la relation du langage et du regard : lié au sens de lien : qui peut faire noeud.

Un sujet ligoté par le treillis des chaînes signifiantes ne peut ni voir ni entendre ce qu'il croit lui être extérieur sans se voir et s'entendre lui-même, puisqu'il n'est qu'un élément de cet ensemble. *«Cloué nu aux poteaux de couleurs»*[3], il n'est, barré, que motivé par un désir qui lui vient, précisément, de cet ailleurs.

Se mettre en position de voir, comme, dans son fauteuil, l'analyste se met en position d'entendre - non pas regarder mais voir, comme l'analyste n'est pas à écouter mais à entendre - c'est à voir, comme l'analyste entend, que le peintre s'oublie comme sujet voyant et qu'il peut voir un autre que lui-même. Mais c'est bien avant qu'un analyste entende un analysant que le peintre a découvert cette humilité.

Qu'artiste et analyste étayent tous deux leur acte spécifique sur un savoir-faire, il n'en reste pas moins que le pivot commun à chacun d'eux est l'apport accepté du savoir de l'inconscient. Pour chacun d'eux, c'est lui le noyau de la possibilité créatrice - peut-être est-ce là ce qu'il est convenu d'appeler le talent : ce que chacun accepte d'inconnu venant de lui-même, d'un autre lieu que celui du savoir, dépassant ce savoir après l'avoir fait éclater.

N'importe qui peut écouter, n'importe qui peut regarder. Mais comme le psychanalyste entend ce qu'il y a derrière un dire, le peintre voit au-delà de ce qui est donné à voir.

A quoi tiendrait cette différence de perception si ce n'est à l'intervention d'un décodage - d'un savoir qui ne peut être que la vigilance de férocité et d'humour qu'est l'inconscient.

---

3. Arthur Rimbaud, *Le bâteau ivre.*

Il prend en dérision ce qui est donné à entendre comme à voir : il renverse l'écran, il crève le tigre de papier, et voit, comme il entend, ce qu'il y a derrière.

Et ce qu'il y a derrière, derrière le sens comme derrière l'image, chacun étant la croisée de l'imaginaire et du symbolique ce qui fait marcher la statue du Commandeur, le *Mane Thecel Phares* qui s'inscrit sur le mur, c'est le bout de réel qui aveugle, qui assourdit, qui terrasse.

L'artiste comme l'analyste fondent leur acte sur un semblant, de s'appuyer sur leur savoir-faire : l'un comme l'autre, l'un depuis bien plus longtemps que l'autre, ont le redoutable privilège d'être sur une voie glissant entre l'Imaginaire et le Symbolique et débouchant sur quelque chose du Réel.

«*On voit toujours plus qu'on ne voit*» a dit Merleau-Ponty[4]. Par là, ne donne-t-il pas à la vision la même structure que celle du langage - sans perdre de vue, bien sûr, son rapport à la structure de l'inconscient - puisque par ce langage, on dit toujours plus qu'on ne dit...

Autrement dit, si l'interprétation psychanalytique est au-delà du dit, la peinture est un au-delà du vu.

Chacune, au même titre, fondée sur l'inconscient en tant que savoir non-su.

Ne peut-on alors faire entrer dans la même cohorte les interprétations de tout ordre avec les rêves, les actes manqués, les lapsus : la cohorte des manifestations du désir ? Manifestations hypocrites, explicitations en bayonnettes, le désir se refusant tant à se faire entendre qu'à se montrer sans chicanes.

Il ne se dira, ne se montrera qu'à celui dont l'écoute ou le regard auront été suffisamment laminés pour être aiguisés.

Aiguisés par le laminoir des avatars qui abrase les valeurs sûres de l'ignorance : l'espérance et le narcissisme.

On pourrait approfondir ce rapprochement analyste-portraitiste, tous les deux chasseurs, chasseurs de la chasse au petit a.

Au petit a de l'autre.

4. *Le visible et l'invisible*, op. cit.

Mais déjà on est en droit de se demander si analystes et peintres n'ont pas, comme inconsciente motivation, la naïveté de s'espérer ainsi à l'abri de la confrontation au leur, de petit a ?

Deviendrait-on analyste ou peintre avec l'illusion de trouver là un biais pour éviter la castration ?

Mais, à cette chasse, si les deux peuvent être bredouilles, seul le peintre peut faire la capture de ce furet, et, ce furet-trophée, l'exposer accroché à un mur.

C'est ainsi qu'il donne la possibilité de contempler ce regard captif : sans l'effort, sans le duel des regards croisés. Le regard captif ne se peut dérober, et c'est en toute quiétude qu'on le peut contempler.

La voilà, la jouissance de celui qui regarde un portrait regardant-parlant : celle de libérer son propre regard de toute contrainte, de tout danger, de toute lutte, sans courir le risque de devoir s'incliner devant l'autre - baisser les yeux - bref sans que son regard soit dans l'obligation de choir, visant ce regard suspendu.

Ce regard suspendu : celui de l'autre, capturé, immobilisé dans sa fonction évanescente - une prise de guerre immuable dans sa fonction de prise, offerte indéfiniment à la jouissance de qui la regarde.

Car il y a jubilation à rencontrer ce regard et le quitter, *Fort-Da*, mais le retrouver toujours vivant, toujours vous visant, de quelqu'angle qu'on le piège.

La pierre lancée vous atteint toujours, elle ne tombe jamais : le temps en est suspendu, non le vol - le temps du *coup-d'oeil* étalé à l'infini, entre le vif de son jet et ce qui aurait dû être l'imminence de sa chute. Jouissance indéfiniment renouvelable de la capture de cet objet rapide comme la lumière et comme elle immatériel : l'objet petit a qui ne tombe pas.

Voir ce regard qui ne se dérobe pas, dompté, prisonnier offert : voilà le cadeau du peintre, dont il est loisible d'user et d'abuser.

Plaisir qui ne peut être - à user et abuser de ce regard sans défense - qu'un point de conjonction des pulsions scopiques et sadiques, d'où, peut-être, s'origine l'interdit de représenter l'image de Dieu : il ne saurait tolérer que Son regard soit soumis au regard de Sa créature. Bien des populations ont aujourd'hui encore la terreur de se voir dérober leur image par un touriste indiscret.

Mais comment, par la force centrifuge de son regard, le peintre peut-il apprivoiser le regard, centrifuge lui aussi, du modèle ?

Dans cette situation duelle peintre-modèle, situation à deux personnages comme la situation analytique - mais en face à face -, les deux regards, comme deux dards, ne se peuvent maintenir lancés l'un contre l'autre. Situation redoutée par Freud.

Le peintre voit son modèle, l'autre, qui le regarde : l'autre inaccessible, inviolable, citadelle étrangère aussi impossible à dérober à lui-même que l'objet de son désir, relié à lui par le double trajet des deux regards eux-mêmes insaisissables.

Comment ne se saisir de l'autre que d'un trait qui confond l'immédiateté de sa fonction avec l'immédiateté de sa chute ?

Par ailleurs, à voir ce que son regard veut prendre, le peintre voit quelque chose de lui-même, tout comme celui qui écoute entend une histoire qui le concerne : on ne raconte que sa propre histoire et on ne peint que sa propre image.

Sauf à faire semblant.

Semblant à quoi est tenu le peintre, comme l'analyste, semblant soutenu d'un savoir-faire.

Il va faire semblant de n'avoir pas de regard, il va l'émousser au point de ne pas faire obstacle au regard de l'autre.

Il le retourne en doigt de gant : d'épée croisée avec l'épée de l'autre, il le fait fourreau où le regard de l'autre se glisse sans méfiance. Ce regard en creux fait un chemin-piège où le regard de l'autre se fait capture, objet disponible au travail du savoir faire.

Le semblant du peintre, c'est de n'envoyer à l'autre qu'un regard vide - et c'est bien ce regard vide qu'il capture et nous livre dans l'autoportrait.

C'est de se réduire à un artefact, de se supprimer de l'espèce regardant-parlant pour n'être, entre le modèle et son portrait, que le prisme par où le premier se transformera en second.

Transformation : agissements, savoir-faire.

Analyse, synthèse : choix. Choix, donc surdétermination inconsciente.

Ce savoir-faire appliqué à l'objet capturé par le subterfuge du peintre est l'analyse à faire des éléments qui le composent pour, à les regrouper, le reconstituer dans une mise à plat : choix dans l'analyse des éléments, choix dans la synthèse de leur regroupement.

Mais choix surdéterminé par l'inconscient de chacun : chaque peintre, face à un même objet, fera par un choix différent, un tableau différent - sans que s'altère la référence au modèle. Plus : le même peintre, à chaque remise à l'épreuve de son savoir-faire, par une continuité dans son choix donnera à chacun de ses tableaux la continuité d'une même peinture.

Reprenons le rapprochement avec l'interprétation : chaque tâche de couleur, chaque trait est inconsciemment choisi et surgit comme signifiant - et chacun d'eux, comme signifiant, implique le rapport au signifiant suivant.

En tant qu'interprétation, la réalisation de l'artiste est le résultat du regard de l'extérieur sur sa propre chaîne signifiante, en tant qu'elle-même jetant un regard sur celui qui la contemple, fait de lui un élément de cette chaîne.

Le spectateur, par le regard de ce qu'il contemple, est introduit dans la chaîne signifiante de l'auteur du tableau.

Quant à celui-ci, lorsque ce rapport de signifiant à signifiant est établi, à regarder ce regard qu'il a fait et qui le fait signifiant nouveau, il éprouve le sentiment angoissant que quelque chose à travers lui et par son regard s'est établi, de l'ordre d'un bout de vie, donc d'un bout de mort : d'un bout de réel. D'où ce trouble qui souvent fait rire, rire comme dénégation.

Capture pour capture : oeil pour oeil. Le peintre a fait celle du regard du modèle, mais à son tour ce regard immobile fascine comme fascine le regard immobile du chien d'arrêt.

Il fascine par ce qui est pris dans sa capture : le temps et le réel de l'autre.

Le temps : les portraits du Fayoum sont là pour illustrer son évacuation. Peints à la cire entre le premier et le troisième siècle, ils offrent aux transitoires générations de spectateurs le regard de ces gens qui nous ressemblent autant qu'un portrait contemporain.

C'est par le regard - objet a - que le visage donné à voir devient celui d'un sujet parlant-regardant, dépouillé de ce qui le retient à l'espace et au temps. Un objet pur, sans relation au lieu, à l'histoire, sans rien qui spécifie sa relation aux autres, sans les semblants qui lui permettaient de vivre : rien que lui-même, coupé de tout ce qu'il a construit dans sa vie pour se dissimuler le réel.

Un être confronté avec son réel - c'est-à-dire avec sa mort ; hors le temps, il se montre dans son éternité, au-delà de sa propre mort, si elle est, par un bout de réel, présentifiée.

Hors le temps : l'horreur serait d'y réintégrer le temps, l'oeil qui fascine deviendrait le mauvais oeil, celui soumis au temps, celui dont le regard serait le support : celui du portrait de Dorian Gray.

Mais ce bout de réel de l'autre, ce bout de réel que la capture de son regard a épinglé, c'est bien sûr sa propre mort.

Bout de réel que seul l'objet a pouvait énucléer.

Et bout de réel seulement, puisque comme la vérité hors le temps et comme elle partiellement : l'un comme l'autre ne se dévoilent pas dans leur intégrité, puisque leur fragment, leur moitié, déjà, est insupportable.

Comment la capture du regard apporte-t-elle à un portrait ce bout de réel qui le mettra hors du temps ?

Par l'adjonction au sens de la nouure de l'objet petit a :

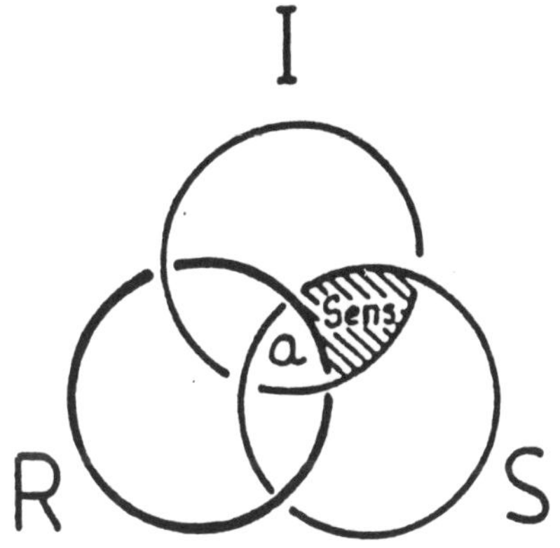

L'intersection de l'imaginaire du peintre - sa pensée, son corps - et du symbolique - représenté par la maîtrise de son écriture - c'est le sens donné à son oeuvre.

Mais réel et sens s'excluent, chacun des deux faisant l'autre forclos : le sens est tout ce qui se fabrique pour ignorer le réel - le réel cet impossible, cet insensé.

Alors que l'objet petit a, objet absolu, central, est le pivot où se nouent les trois dimensions de l'imaginaire, du réel et du symbolique.

Au sens habituel d'une oeuvre (I ■ S dont le réel est forclos), le peintre, parfois, et bien malgré lui, adjoint le noeud du petit a : I ■ S ■ R : le réel s'ajoute au sens.

Ce réel associé au regard, portant la présence d'un être humain hors du temps, encore une fois les portraits du Fayoum, en portent témoignage.

Ce réel de l'autre - la référence à sa mort propre - ne peut être plus totalement exemplaire que par ces portraits motivés, exactement, par des rites funéraires : le portrait devait remplacer la momie.

Le peintre, à la place où devait être le regard, a peint son interprétation : ce regard éternellement suspendu.

Cette même référence au bout de réel caché par le visage transparaissant, parfois, par le regard, est rapportée par un peintre contemporain : à ces portraits-là, le modèle ne tient pas à se reconnaître ; l'émotion suscitée n'est pas celle attendue et le tableau est rejeté. Ainsi une jeune femme a refusé d'emporter son portrait terminé, bien qu'en conservant une reproduction photographique. Dans les jours suivants, elle a confié à la chirurgie esthétique un défaut de son visage jusqu'alors méconnu. Rencontrant son portraitiste quelques mois plus tard, elle lui a tenu ce discours dont la naïveté voilait le sens : mes amis ont vu la reproduction du portrait : j'ai bien fait de vous le laisser, il fait peur à tout le monde. Mais tout de même, j'aimerais l'avoir un jour : puisque je suis plus jeune que vous, vous devriez m'en faire legs en héritage.

A introduire la mort du peintre quant à son propre portrait, c'est de la part du modèle dénégation d'y introduire la sienne propre.

Perçue par les proches, d'où leur malaise.

Perçue par elle, d'où le refus de la toile.

Et sa dénégation.

Car dénégation et réel sont voisins proches : si la dénégation bouleverse, c'est qu'elle trahit le réel qu'elle masque. Elle est signal : «*Attention : réel*».

Toute culture, toute civilité, tout l'imaginaire humain qu'au cours de son évolution il a su plus ou moins bien symboliser, toute son activité comme tous ses actes, comme tout le travail de son inconscient à le maintenir à côté de son savoir, tout converge chez l'être humain, dès sa prise de la vie, à brouiller toute piste qui lui ferait toucher au réel.

Ce bout de réel quelqu'il soit, si par miracle - par catastrophe - il émerge, c'est l'affect submergeant.

L'analyste et l'artiste, à être - le sachant ou non - travaillés par l'inconscient, sont ceux qui, ce réel inaccessible, ont parfois l'épouvante de le découvrir.

Et c'est là que se noue le possible de leur rigueur à chacun : aller jusqu'au bout - jusqu'au bout de réel. Dont l'entre-aperçu est peut-être la racine de toute émotion.

Le portrait, au-delà du phantasme représenté du peintre - un William Blacke - ou du phantasme support aux phantasmes du spectateur - un Gustave Moreau - est une image de l'autre, mais une image de l'autre apesantie du poids d'une part de son réel.

Poids qui ajoute le parlant au regardant de l'image.

Pour le poète - Prévert - c'est le chantant : le chantant d'un oiseau : le portrait de l'oiseau terminé, chaque plume bien lissée, attendre.

Attendre que l'oiseau chante.

Et s'il chante, mais seulement s'il chante, alors le peintre peut lui prendre une plume, et dans le bas du tableau, signer.

C'est à Mustafa Safouan qu'est dûe notre découverte des portraits du Fayoum. Aussi bien, notre reconnaissance aura la pérennité de ces regards de l'ancienne oasis.

Les reproductions de la momie et des portraits du Fayoum sont extraites du livre de Madame Hilde Zolescer : *Portrats aus dem wusten-Sand*, Verlag von Anton Schroll und Co, Wien-München.

L'autoportrait de Nicolas de Largillière a été publié dans la revue *L'estampille*, n° 79.

II

SON OBEDIENCE AUX MATHEMATIQUES

L'ANCESTRALE REGIT-ELLE LA CHAINE SIGNIFIANTE ?

ESSAI DE FORMALISATION SELON UNE RELATION D'ORDRE : APPARITION DE L'ANCESTRALE
ESSAI DE DEFINITION RECURSIVE DE LA CHAINE SIGNIFIANTE : L'ANCESTRALE S'Y MAINTIENT
Φ COMME LOI DE COMPOSITION ET LA REPETITION COMME DYNAMIQUE

«Les relations, on croit les avoir devinées avant même de pouvoir en avoir la connaissance et en fournir les preuves.»
(Freud, *Pulsions et destin des pulsions.*)

Lorsque nous parlons de signifiants, immédiatement nous vient (d'où ? mais ceci est une autre histoire, c'est l'histoire de l'Autre), immédiatement donc nous vient : «représente un sujet pour un autre signifiant».

L'un n'allant pas sans l'autre, autant les considérer ensemble, et y mettre de l'ordre.

Considérons les signifiants, comme ça, dans leur ensemble, comme un ensemble précisément.

Et comme nous avons $\mathcal{N}$ l'ensemble des entiers naturels, $\mathcal{Q}$ celui des fractions, $\mathcal{Z}$ celui des négatifs et $\mathcal{R}$ celui des nombres réels, posons $\mathcal{S}$ l'ensemble des signifiants.

«Représente un sujet pour un autre signifiant» ne peut pas être une loi de composition dans $\mathcal{S}$ puisqu'il ne s'agit pas de faire des opérations avec : il ne peut s'agir que d'une relation, que l'on peut traditionnellement dénommer $\mathcal{R}$.

Dès cet énoncé de notre question, des contrôles sont à faire. S'agit-il vraiment d'un ensemble ? B. Russel a précisé que toute propriété ne donne pas lieu à un ensemble et rien n'établit que «représente un signifiant pour un autre signifiant» soit collectivisant.

Mais puisque c'est l'ordre que nous cherchons, posons $\mathcal{R}$ comme une relation d'ordre, et voyons si ça marche.

Ce n'est que *nachträglich* que nous verrons si notre proposition est défendable.

Avec l'ensemble $\mathcal{S}$ et la relation $\mathcal{R}$, nous nous trouvons devant le champ ordonné

$$(\mathcal{S} ; \mathcal{R})$$

tel que $\mathcal{S} = \{S_1, S_2, S_3 ...\}$

et

$\mathcal{R}$ = «représente un signifiant pour un autre signifiant».

S'agit-il vraiment d'un ordre, à commencer par le moins pointilleux - descriptivement parlant - l'ordre large ?

Si oui, notre proposition sera contrôlée et nous pourrons cerner $\mathcal{R}$, relation d'ordre, en débusquer les propriétés et, en conséquence, le type de structure qu'elle implique.

L'ordre large se contente de la transitivité et de l'antisymétrie, la réflexivité ajoutée de surcroît.

L'ordre strict exige, avec la transitivité, et l'asymétrie, et l'irréflexivité.

Y a-t-il transitivité ?

$S_1 \mathcal{R} S_2$ et $S_2 \mathcal{R} S_3 \Longrightarrow S_1 \mathcal{R} S_3$

Autrement dit : si S_1 représente un sujet pour S_2 et si S_2 représente un sujet pour S_3, S_1 peut-il être considéré comme ayant joué un rôle de représentant de sujet pour S_3 ?

C'est admissible, selon une chaîne à 3 éléments.

Admissible, encore que bien délicat à éclairer avec précision.

Mais poursuivons :

Y a-t-il antisymétrie ?

$S_1 \mathcal{R} S_2$ et $S_2 \mathcal{R} S_1 \Longrightarrow S_1 = S_2$

Là, rien ne marche : l'antécédent est faux en l'occurrence, ce qui rend vraie l'égalité inacceptable.

Alors l'asymétrie ?

$S_1 \mathcal{R} S_2 \Longrightarrow$ non $S_2 \mathcal{R} S_1$

celui qui représente un sujet pour un autre signifiant est lui-même venu à l'être signifiant de par celui qui l'a précédé comme représentant de sujet. Il ne peut pas voir revenir vers lui un autre représentant de sujet :

l'asymétrie est bien une propriété de $\mathcal{R}$.

Si notre relation $\mathcal{R}$ est transitive et asymétrique, elle est donc d'ordre strict.

Elle est d'ailleurs irréflexive, cela va sans dire :

non $S_1 \mathcal{R} S_1$

un signifiant ne peut représenter un sujet pour lui-même.

Transitive, asymétrique, irréflexive, donc stricte.

R est-elle une relation d'ordre totalement ordonnée ?

L'affaire est d'importance, la structure en étant spécifique : la chaîne.

Pour être dite totale, il faut que de ces trois éventualités une au moins soit acceptable pour $\mathcal{R}$:

$$\forall S_1, S_2 \in \mathcal{S} \begin{cases} S_1 \mathcal{R} S_2 \\ S_1 = S_2 \\ S_2 \mathcal{R} S_1 \end{cases}$$

De cette trichotomie, on ne peut retenir qu'un signifiant quelconque $\mathcal{R}$ ou égale un signifiant quelconque.

On peut donc retenir $\mathcal{R}$ comme une relation d'ordre strict, mais pas total.

Pourtant...

Pourtant, entre deux signifiants quelconques, il y a forcément une chaîne de l'un à l'autre,

et cette chaîne, telle que nous en percevons les effets, ne fait pas de noeuds :

alors nous pouvons retourner aux sources pour la soutenir.

Abandonnons l'idée de $\mathcal{R}$ relation d'ordre total pour accueillir $\mathcal{R}$étoile, $\mathcal{R}^*$, relation ancestrale associée à $\mathcal{R}$.

L'Ancestrale de Frege, dont B. Russel a fait l'un des quatres piliers de ses *Principles of Mathematics*, va nous permettre quand même d'affirmer que nous avons à faire à une relation d'ordre stricte et totale.

Grâce à $\mathcal{R}^*$, on est sûrs de la chaîne, on peut envisager les signifiants indéfiniment, tels qu'au-delà de tous ceux que l'on peut atteindre il y ait encore d'autres signifiants, tous accessibles, en passant de l'un à l'autre moyennant le pas successeur, et ce jusqu'au etc.

$\mathcal{R}^*$ est donc une relation d'ordre stricte et totale, plus rigoureuse encore que celle qui régit le temps lui-même : stricte, mais qu'Einstein a démontrée totale seulement selon des lignes de temps qui peuvent se croiser.

Quelle est la structure de cet ordre total ?

A les regarder de plus près, chacun de ces signifiants appartenant au champ ($\mathcal{S}$; $\mathcal{R}$) peut être dit «comparable» à un autre, car il est vrai que dans $\mathcal{R}$

S_1 est «comparable» à S_2 <==> $S_1 \mathcal{R} S_2$ ou $S_2 \mathcal{R} S_1$

L'effet nous l'attendions : dans un ordre total, tous les éléments sont «comparable» et s'alignent en chaîne : c'est un ordre linéaire.

Notre «chaîne signifiante» coutumière est donc la formulation de l'ordre strict, de l'ordre total qui ordonne les signifiants.

D'un ensemble et d'une relation supposée, nous avons envisagé un champ ordonné, mis en évidence une relation d'ordre, dégagé ses propriétés, puis découvert sa structure : une chaîne.

Qu'en est-il de cette chaîne ?

A-t-elle un premier élément ?

En a-t-elle un dernier ?

Un dernier sans aucun doute, puisque nous ne sommes pas immortels. De cette chaîne, un maillon sera le dernier, la mort l'empêchant de représenter un sujet pour un autre signifiant, tandis que, quittant avec empressement l'observation de ce maillon-là, nous pouvons voir que tous les signifiants précédents se sont enchaînés l'un à l'autre pour faire de l'avant-dernier le dernier représentant-un-sujet pour le dernier signifiant.

Qu'en est-il du premier élément ?

Il est premier, il est unique, il est initial et le seul à l'être : la chaîne n'a pas de borne supérieure.

Ce premier signifiant représentera le sujet d'un autre ; mais avant lui, point de sujet.

Point de sujet, pas de choix : il vient d'ailleurs.

Ne serait-ce pas le nom que l'on trouve en naissant, maillon-cadeau, maillon-dette, représentant un sujet pour tous les autres, déterminant - quoi qu'on en ait - tous les autres, tout le reste ?

Ce nom, - le nom du Père ? - dit avant de pouvoir être entendu de celui qui en sera déterminé, sans avoir, d'aucune manière, eu voix au chapitre.

Voici confirmée la structure linéaire, différente en cela et paradoxalement, de la structure en treillis qui régit pourtant l'ensemble des concepts signifiants concernant le domaine de l'homme habitant le langage.

Peut-être n'est-ce pas un bon ordre ?

Un bon ordre, en effet, est toujours un ordre total, mais l'inverse n'est pas vrai.

Si nous considérons ce type de chaîne - que les éléments en soient les signifiants en saute-mouton les uns après les autres ou la suite des ronds de ficelle se tenant par les oreilles - il suffit de les considérer par paires pour s'assurer qu'ils sont comparables.

La paire $\{S_1, S_2\}$ - partie de l'ensemble non vide - admet que l'un des éléments représente un sujet pour l'autre : les éléments de l'ensemble S sont comparables 2 à 2.

Ce qui est toujours le cas dans un bon ordre, l'inverse n'étant pas vrai.

Donc notre ordre est total, les éléments en pouvant être comparés 2 à 2 : il ne peut pourtant s'agir d'un bon ordre ; dommage, c'était quelque chose de rassurant.

Mais nous avons été fiers, au début de notre enquête, de découvrir un ordre strict, alors que le bon ordre, bon enfant, demande un ordre large.

Nous pouvons encore préciser qu'il s'agit d'un ordre discret : dans notre ensemble comprenant un premier et un dernier élément, donc fini, l'espace entre 2 éléments n'en peut contenir une infinité.

Strict, total, discret, avec une structure de chaîne : une image d'airain.

Alors que, produite par l'humain, produisant de l'humain, spécifique de l'humain - humus du langage, nous a dit Lacan - cette chaîne a de l'humain l'incertitude et la fragilité.

Qu'une modification fausse une des propriétés sur lesquelles tout ce bel édifice est bâti, une seule, et l'ordre s'effondre, la chaîne se brise, les éléments se dispersent.

Que manque un anneau : la chaîne n'est pas rompue en deux tronçons de chaîne : chaque maillon, un par un, est dépouillé de la relation d'ordre qui structurait sa position et se trouve désemparé.

Il suffit d'un signifiant forclos, éjecté du symbolique dans le réel qui n'est pas sa place, pour que la relation d'ordre d'un signifiant à l'autre soit abolie dans le champ entier.

Ce signifiant qui abandonne son rôle est l'anneau de ficelle ouvert, dénoué, rompu ou coupé qui, quittant sa relation au suivant, transforme la chaîne en un paquet de ronds de ficelle répandus en vrac, aucun n'ayant plus rien à voir avec un autre.

Un seul : la relation disparaît, le champ ordonné n'est plus que terrain vague, l'ensemble n'est plus qu'un tas.

Mais hors cette idée folle, qu'en est-il de chacun pris dans sa chaîne, circonscrit dans son champ ordonné ($\mathcal{S}$; $\mathcal{R}$).

Eh bien, il pourrait - à titre posthume - être défini et par un cardinal et par un ordinal, donc être isomorphe à un segment initial des entiers naturels.

L'Autre, par contre, le trésor des signifiants, serait l'ensemble infini, donc de cardinal transfini, un aleph auquel correspondrait, par la somme de tous les champs relationnels ordonnés qui le constituent, une infinité d'ordinaux, et qui, structuré comme un chapelet selon la somme des structures ajoutées, n'aurait, lui, pas de dernier élément : le lieu du langage, sans signifiant dernier.

Voici ce que nous pouvons dire, hic et nunc, de cette structure linéaire qui, étant linéaire, nous apparaît d'emblée bien plate.

D'où nous venait cette filière, c'est une autre histoire, disions-nous au départ, voulant parer au plus pressé.

Essayons maintenant de voir, en effet, d'où ?

La tentative de définition de la chaîne signifiante considérée dans le champ relationnel

$$(\mathcal{S} ; \mathcal{R})$$

et sa structure linéaire laissent, à la lire, un goût de primarisme et de trop peu, de trop à peu près.

Le schème proposé par le Dr Lacan dans son séminaire du 26 juin 1973 ouvre de nouveaux horizons où transitivité et antisymétrie sont supplantées par d'autres concepts :

$$S_1(S_1(S_1(S_1, \longrightarrow S_2))))$$

Devant cette répétition du S_1 avant le S_2 cerné de son bouquet de parenthèses, on peut essayer, à tout le moins, de dégager une *Définition «récursive»* de la chaîne signifiante.

L'ensemble $\mathcal{S}$ reste posé. L'ensemble des signifiants, le potentiel, les éléments de la langue.

Deux clauses s'imposent :

clause I : $\{S_1 \in \mathcal{S}$

clause 2 : $\{x \in \mathcal{S} \Longrightarrow (S_1, x) \in \mathcal{S}$

et une clause de fermeture : rien n'appartient à S si ce n'est par l'une de ces deux clauses.

Essayons d'écrire ce qui se passe avec un seul signifiant, selon les clauses I et 2 :

- clause I : S_1 est disponible tout de suite, par définition, c'est celui à partir duquel, toujours, tout démarre et, nous allons voir, tout tourne ;
- clause 2 : il nous faut pourtant disposer d'un élément qui appartient déjà à $\mathcal{S}$. Le seul disponible à ce moment du déploiement de notre définition récursive, ce ne peut être que S_1.

Donc nous ne pouvons accepter que $x = S_1$

$$S_1 \in \mathcal{S} \Longrightarrow (S_1 ; S_1) \in \mathcal{S}$$

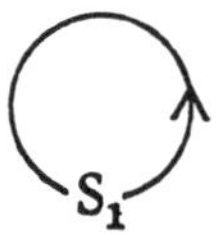

$(S_1 \longrightarrow S_1)$

Le signifiant-maître : il ne signifie que lui-même.

Réflexif, il se sature lui-même et s'exprime de sa différence comme origine et comme but.

Ce (S_1, S_1) est un nouvel objet, un couplé, que la relation successeur multiplie en une infinité d'objets différents, de couples de plus en plus complexes :

(S_1, S_1)
$(S_1 ; (S_1, S_1))$
$(S_1 ; (S_1 ; (S_1, S_1)))$
etc.

La source y est toujours la même : S_1.
Le but, pour le premier couple, est S_1 lui-même :

$$S_1 : (S_1, S_1)$$

Pour le suivant, le but est la différence entre la source et le but :

$$S' = (S_1 ; (S_1, S_1))$$

Pour le troisième, le but est la différence entre la source et la différence précédente :

$$S'' = (S_1 ; (S_1 ; (S_1, S_1)))$$

Son cardinal est représenté par le nombre de parenthèses qui le bouclent, comme dans la démonstration de ZERMELO concernant les nombres entiers.

La différence va devenir de plus en plus étroite, à l'infini tendant à annuler l'écart entre la source et le but, le couple (S_1, S_1) ne cessant pas de se rapprocher du singleton $\{S\}$.

Plus on va, plus on s'enroule autour de S_1, plus on se rapproche de lui sans jamais l'atteindre.

Il y a de l'un et de la répétition.

De l'un en tant que répété, une fois comme source, une fois comme but.

Nous pouvons l'accepter comme point de départ : y a de l'un, pas d'autre, et de la répétition.

Mais, pour ménager une dimension à l'écriture, il faut y trouver un champ, à cette différence - entre l'un et l'autre.

Réécrivons donc la définition récursive de la chaîne signifiante en partant de deux signifiants : l'un et l'autre.

Seule, la première clause est changée :

$$(S_1 ; S_2) \in \mathcal{S}$$

la deuxième clause reste :

$$x \in \mathcal{S} \Longrightarrow (S_1, x) \in \mathcal{S}$$

Y a de l'un et de l'autre. Le nouveau venu, composé de ces deux a toujours S_1 comme origine et comme but la différence de l'un et de l'autre.

$(S_1; (S_1, S_2))$

$(S_1; (S_1 (S_1, S_2)))$.

etc.

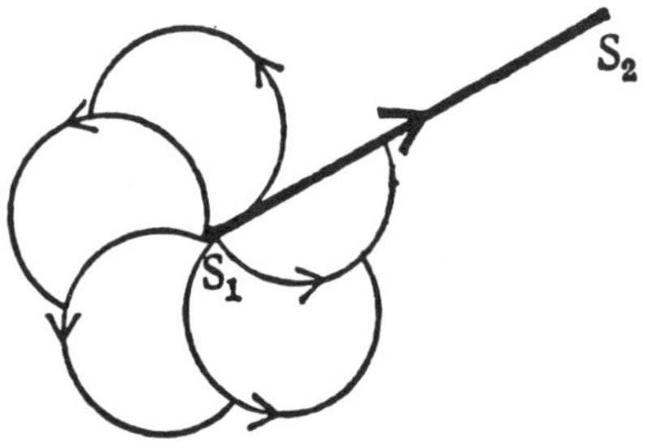

Les signifiants s'enchaînent en enveloppant S_1, le gardant tous à leur origine, la différence les spécifiant, de plus en plus complexe, donc de plus en plus fine, retombant toujours sur la différence (S_1,S_2)

La structure de notre rosace ne répond plus ici à une relation du type «représente quelque chose pour autre chose», mais à une fonction successeur, isomorphe en cela à $\mathcal{N}$.

Nous retrouvons non plus les paires, précédemment invoquées à contrôler la comparabilité de deux éléments, condition nécessaire au bon ordre, mais des couples.

C'est-à-dire des paires orientées.

Avec une première coordonnée : S_1

et une deuxième coordonnée : S_2.

Nous retrouvons aussi une origine commune à tous les éléments composables, si complexes soient-ils : S_1, le signifiant-maître.

Tout doit partir de lui.

Rien d'à côté, de latéral.

Rien en deçà, le précédent.

La notion d'ancestrale est donc, elle aussi, aussi légitime dans cette tentative de formulation que dans celle fondée sur la notion de représentation.

Ce qui est fondamentalement différent, c'est le chemin à parcourir pour aller d'un signifiant à l'autre : non plus de l'un à l'autre, mais de S_1 à une différence dont il est lui-même le premier pôle.

Il ne s'agit plus d'une relation, mais d'un pas successeur, qui rend notre chaîne, encore une fois, isomorphe à un segment initial de $\mathcal{N}$.

Une question ouverte.

Une question seulement.

Deux éléments de $\mathcal{S}$ sont composés, et le résultat de cette composition est encore un élément de $\mathcal{S}$.

Quel est le facteur qui permet cette opération ?

Avec les éléments S_1 et S_2 de $\mathcal{S}$ se trouve composée une infinité d'éléments appartenant à $\mathcal{S}$.

Quelle est la loi de composition régnante ?

truc, $\top$?

antitruc $\perp$?

tilde ~ ?

étoile * ?

ou Φ, la fonction du phallus ?

Φ en tant que Loi de composition, voilà qui surprend, sitôt dit. Serions-nous si naïfs, de nous étonner encore de quelque chose ?

Pourquoi s'étonner de ce mouvement réflexif ?

Que faisons-nous d'autre ?

Depuis les contractions utérines qui nous projettent en avant en dépit de tout, et de la peur, et de la douleur, ce mouvement en avant non choisi nous conduit à quoi ?

A avancer, bien sûr, mais toujours en regrettant l'avant de ce départ.

La nostalgie de cet avant la vie.

Ce paradoxe qui nous propulse entre deux voies parallèles mais de sens inverse.

Le besoin irréductible à vivre, quoi qu'il en soit, à n'importe quel prix - que je sois cul-de-jatte, pourvu en somme que je vive -, être un fauve à l'autre pour avancer toujours, donc à s'éloigner d'où l'on vient, alors que la nostalgie la plus archaïque et la plus profonde nous fait en priorité souhaiter y revenir.

Par la voie parallèle, de même direction, mais de sens contraire.

La jouissance dite suprême, l'orgasme, seule récréation autorisée dans cette marche forcée arrive à quoi, en mettant les choses au mieux ? A l'illusion, au phantasme du retour au sein maternel.

La petite mort.

C'est de là qu'on est parti, et c'est l'aspiration suprême.

Mais néanmoins, pour éviter sa réalisation, il n'est de bassesse, il n'est de trahison ou d'ignominie dont on ne soit capable.

Revenir à ce dont on est parti : c'est-à-dire rien, mais mettre toute son énergie à l'éviter.

Pas de doute : on tourne en rond, comme S_1-S_1 : réflexif.

En ajoutant un S_2 au S_1, pour se donner l'illusion d'une course, d'une trajectoire vers un but encore indécidé, vers une réalisation encore indéterminée, celle-là, et pour autant satisfaisante.

Alors que la réalisation, on la sait depuis toujours : S_1 à S_1 : la mort, puisqu'il faut l'appeler par son nom.

Pas moi, pense-t-on : Après S_1, S_2.

La belle affaire, regardez ce qui se passe : chaque pas en avant que fait-il ?

Rétrécir la différence S_1-S_2.

La voilà lancée, l'aventure : inexorablement se pince la différence S_1-S_2, sans cesse se rapprochant du départ, sans cesse se rapprochant de l'origine S_1, le signifiant-maître.

Plus tempétueusement, courageusement, on s'élance sur le rail qui part de S_1, plus évidemment, aventureusement on s'éloigne du point de départ, et plus la trajectoire se fait, inverse, parallèle mais de sens contraire, rapprochant du départ, du signifiant-maître.

Car, plus va la richesse en signifiants, plus tend vers l'infini du rien la petite différence entre la richesse du signifiant nouveau, l'acquis - le conquis - et le signifiant-maître, celui du départ.

La boucle que chacun sait, que chacun fait semblant de n'avoir pas vue.

L'avant à partir d'où, le progrès à partir de quoi ? et enfin pour éviter quoi ?

La mort dont on est sorti, sans l'avoir choisie, par le vecteur du plaisir de nos géniteurs, qui ne l'ont pas choisie. L'orgasme nous en donne de temps à autre une image obscure, incontrôlable et désespérément souhaitée, prétexte à une descendance qui ne demandait rien non plus, qu'à rester potentielle - mort que l'on fuit avec toute l'énergie qui nous y précipite, horreur, enfin.

La réflexivité, c'est ça.

Et où en est-on, en fin de compte, sur ce trajet bouclé d'une source à un but qui se rapprochent sans fin mais sans jamais se confondre ?

Qu'aussi infinitésimale qu'elle soit, la différence

$$(S_1, S_1, S_1, S_1..... (S_1, S_2)))))$$

reste une différence.

Quel est le grain de sable qui empêche les parenthèses de s'aplatir les unes sur les autres, comme les formes extérieures de la poupée russe qui se fondraient pour n'en laisser qu'une, le noyau, la plus petite, l'irréductible.

L'être de la poupée russe.

Là où elle est un.

Et pas l'autre.

Comme dit Lacan, voyez Parménide.

Ce un empêche le bouclage, le tassement de toutes les différences créatrices de signifiants vers le S_1 du départ qui tend alors à devenir le S_1 d'arrivée.

Du rien dont on est parti au rien où on retourne, après avoir fait des boucles dans tous les azimuts, l'espace virtuel indiscret, bourré d'un infini de signifiants, est maintenu par le un qui nous constitue.

La mort efface ce un, S_2 rejoint S_1, de toute chaîne signifiante ne reste que ce S_1.

Peut-on imaginer par quel mécanisme la mort va permettre la jonction S_1-S_1, l'effacement du grain de sable ?

L'inanimé, on sait bien que de pertes en pertes, c'est là que nous mène la répétition.

D'un signifiant l'autre, chacun partant de S_1 vers une nouvelle différence, chacun se distinguant du précédent par une parenthèse en plus et quelque chose en moins.

Chaque parenthèse indique un pas en avant dans le retour à S_1, puisqu'elle indique un pincement, un nouvel amoindrissement de la distance S_1-S_2 : chaque répétition s'accompagne d'une perte, chaque perte d'un raccourcissement de la distance S_1-S_2.

Plus fleurit la chaîne signifiante, plus les pertes s'ajoutent, comptabilisées par les parenthèses : à chaque pétale un amoindrissement, pour retourner - presque - au coeur de la fleur, à S_1.

Le grain de sable entre S_1 et le signifiant dernier, lorsqu'il tombera, sera le petit a de la dernière répétition possible et permettra, par sa chute, l'accès à l'inanimé :

ce petit a, le dernier à être perdu, ne peut être que le corps - perdu ce petit a, la répétition a bien conduit à l'inanimé.

Et ce retour à l'inanimé par la répétition : il y a bien là un mouvement réflexif qui ramène à ce S_1 tout seul.

Il ne reste de nous qu'un singleton

$$\{S_1\}$$

Mais puisqu'on en est parti, c'est qu'il nous précédait.

Il est ce qui nous a pensé avant de nous concevoir et il reste notre trace.

Qu'est-ce que c'est que ce singleton $\{S_1\}$?

Dieu, diront certains.

Qui ne signifie que lui-même en ne signifiant rien puisqu'il n'a pas de nom : il est celui qui est.

Le grain de sable de tout à l'heure, l'innominé, originaire, mais immortel celui-là, l'incoinçable réflexivité, le lieu où le singleton $\{S_1\}$ est pour l'infini du temps représenté par le couple (S_1, S_1), l'un de celui qui est ce qu'il est, différenciant l'origine et le but.

Le grand Autre, dirons-nous ?

Le trésor des signifiants ?

Bien minable trésor que cette accumulation de répétitions et de petites infimes différences.

Du S_1 de départ on ne va pas loin, et notre destinée est bien de manquer d'air pour s'avérer de toujours incapable de planter là cette référence.

Voilà bien toute l'espèce humaine groupée sous la férule de S_1, dans la même classe d'équivalence, à fuir en avant vers son point de départ.

Est-on tous, inexorablement, dans cette classe d'équivalence sous la bannière de S_1, à courir en avant pour retrouver ce qu'on a quitté, de plus en plus coincés, de plus en plus surdéterminés, engagés dans un laminoir où les dimensions vont s'appauvrir, 3, 2, 1, pour arriver au point final ?

Est-il donc possible, non d'y modifier la structure et le dynamisme, mais de voir, et d'en rire, pauvre Paillasse ?

Si, il est un champ où le droit se retrouve de voir en arrière sans aller de l'avant. De remonter le rang pour retrouver S_1 à contre-courant, d'abandonner le groupe qui fuit la colère de qui sait quel Dieu et de se retourner sans être statufié en sel

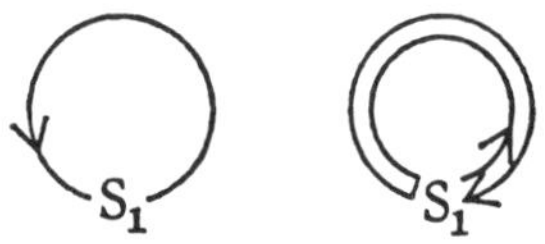

Où est possible ce *nachtrag*, ce trajet rétroactif où, quittant les rangs serrés de la classe d'équivalence, on refait seul le chemin en sens inverse ?

Le voilà, le désespérant privilège du discours analytique, ce jardin fleuri des fleurs de rhétorique de lalangue, où celui qui va se promenant remonte, de plus en plus seul, vers son S_1.

Le même but que les autres, bien sûr, mais seul, et à contre-courant.

Avec le droit d'en rire, et s'il s'en donne la peine, de tenter de le formuler.

Avec - tant pis - un goût de la vérité qui définitivement l'isole de la classe d'équivalence, en lui donnant une motivation différente.

Le suicidaire, en somme, court-circuite son trajet réflexif : il passe devant.

L'analyste fait le contraire : il retourne en arrière, bousculé par les autres qu'il dérange, qui se moquent et lui intiment l'ordre de rentrer dans le rang.

S'il ne cède pas, le voilà exclu.

Son désir se dissout, puisque c'était le désir de l'Autre et qu'en se retournant il s'en détourne.

Qu'est-ce qui fait courir chacun, que l'analyste ne perçoit plus comme moteur ?

Serait-ce Φ ?

La fonction phallique n'est-elle pas la ligne d'énergie de S_1 à S_2, brodant les signifiants en arabesques...

Et l'analyste qui peut se promener dans le champ du discours analytique, petit a consentant, n'est-il pas celui qui, en refaisant le chemin parcouru en sens inverse, retournant sans courir vers son départ, abandonnant le parcours restant, n'est-ce pas parce que la castration, lui, il la connaît et se reconnaît comme en étant pétri ?

Or, la castration acceptée, que reste-t-il ?

Rien.

Rien ne subsiste, dépouillé de sa vanité des vanités.

C'est le phallus qui dresse la hampe où flotte la bannière du S_1, mât de gloire, pilori d'angoisse.

Le désir est reconnu comme venant de l'Autre, donc la passion à le satisfaire comme duperie première.

S'épuiser à ce désir, c'est bien être la naïve fauvette nourrissant le coucou énorme mis au centre de sa vie par une exigence étrangère, aliénante, l'Autre, qui va consommant sa ruine.

Duperie que ce qui nous est présenté comme vérité, ce mi-dire ne devant qu'être prétexte à déterrer l'autre.

Duperie que ce qui nous est dit, duperie que ce nous avons dit, chaque mot n'ayant que valeur de paramètre définissant le champ du langage, l'univers de lalangue dont nous ne sommes qu'artefacts.

Sans mât de gloire, sans pilori d'angoisse, que reste-t-il, sinon la quête de la vérité dans le noir de son puits, l'écoute de ce qui est derrière le dire, le refus à la demande qui nous est faite, la fin de non-recevoir.

L'ACTING OUT : REALISATION D'UNE REPONSE PRODUCTION DE L'INCONSCIENT

Du point de vue topique

Que l'acting out soit un concept spécifiquement analytique, observé et conçu par des analystes, témoigne de son appartenance à la cure, encore que, paradoxalement, il précise justement quand quelque chose en dérape : l'acting out est un procédé spécifiquement analytique d'éjection hors l'analyse - *out* - comme il est lui-même matière à un retour non moins spécifique dans l'analyse.

Même lorsqu'il n'est pas dans le cadre de la cure, l'acting out fait partie de son cursus : l'ensemble des comportements passionnels qui se résolvent par une entrée en analyse, cet ensemble lui-même en fait, rétroactivement, partie. Non que ces comportements causent l'entrée en analyse, ils en font partie au même titre qu'une préface fait partie d'un texte : déjà le discours du sujet est discours d'analysant, encore à son insu. Ce n'est que sur le divan que le récit de ces comportements - donc récit après-coup, verbalisation secondaire - les désignera comme acting out faisant partie du discours analytique avant la lettre.

Pour les acting out qui concrétisent l'issue de l'analyse, si l'analysant n'en prend pas conscience, c'est bien que cette issue était prématurée - l'analyste, quant à lui, n'en peut être dupe : c'est le départ de Dora et le *mea culpa* de Freud.

Quant à l'acting out dans l'analyse : il est serré par le même noeud que le transfert dont il n'est qu'un aspect, ce qui le rend, comme lui, dépendant du supposé-savoir qui, ce transfert, le supporte.

On sait le balancement qu'en fait Lacan : transfert sans analyse - c'est-à-dire absence ou défaillance de l'analyste - et c'est l'acting out. Inversement, l'acting out, précipitant dans l'analyse, ancre la référence à l'analyste, et c'est le transfert.

Ce balancement de l'acting out dans la cure, hors la cure, la précédant ou la suivant, se lit dans l'histoire-même de la psychanalyse : la relation de Freud à Fliess étant l'exemplification de ce transfert sans analyse qu'est l'acting out, *L'Esquisse* en étant l'inscription.

L'acting out festonne le bord de la situation analytique, chaque arrondi hors son champ devant conduire l'analyste à s'interroger sur le mécanisme du glissement.

Il n'est pas un symptôme de l'analysant ou de l'analyste, il est un symptôme de la conduite de l'analyse elle-même, signifiant ce qui s'y passe comme conséquence des symptômes des deux partenaires : il en dit la vérité.

Du point de vue dynamique, l'acting out est une réponse.

Il est une réponse agie et non différée : c'est une monstration adressée, sans latence mais non sans agressivité, à l'autre tenu d'y participer.

C'est une réponse - ce qui implique l'autre parlant - mais une réponse sans parole : les paroles n'y ont pas à soutenir l'effet du signifiant, elles viendront comme récit ou commentaire, secondairement.

C'est une histoire sans parole, donc, qui répond au dire de l'autre, qui s'adresse à l'autre, aux fins d'obtenir une interprétation : l'acting out est une quête, celle de l'interprétation, exigée jusqu'au forçage.

D'où une autre différence d'avec le symptôme : lui, se suffit à lui-même, se satisfait de lui-même, jouit de lui-même, il ne demande pas d'interprétation.

C'est cette interprétation que Freud n'a jamais obtenue de Fliess, pour la simple raison que Fliess n'a jamais été analyste.

Sans parole, car la réponse est devenue indicible : elle est mise en scène et jouée : c'est une charade présentée à l'autre, une énigme pleine de sens où l'autre doit entrer pour deviner et dire l'interprétation attendue.

C'est, en fait, un scénario produit par l'inconscient, tenant lieu de remémoration, qui se joue dans le réel, au lieu d'être exposé dans le rêve ou dit dans le «terrain de jeu» du transfert : il s'agit d'une autre scène.

C'est une réponse adressée à qui ?

A l'autre qui n'est pas - ou qui n'est plus - en position d'analyste, réponse à un fading de l'analyste dans sa situation d'interprétant.

A l'analyste, le sujet se désigne par le discours qui le porte ou par son symptôme. Au non-analyste, ces désignations deviennent vaines : le discours devient autre. C'est ce changement de discours dans l'analyse qui traduit le passage du transfert à l'acting : le sujet n'est pas désigné et il montre quelque chose : il croit savoir à qui, mais il ne sait pas d'où, et il ne sait pas quoi : il y a quelque chose du forçage, de la provocation.

Une provocation à rouvrir ce que l'analyse a fermé.

Pourquoi ce surgissement de l'acting out, du sans-parole dans le cadre de la *talking-cure* ?

Parce que l'analyste en a rompu le cadre, il a glissé de sa place : absent en tant que tel, il reconstitue l'hypothèse du transfert sans analyse, confrontant du même coup l'autre à la sidération et l'angoisse.

L'analyste dérape de sa position de semblant, de *a* de l'autre, soit :

- qu'il glisse à une position de maître ;
- qu'accueillant son propre symptôme, il parle en analysant ;

- que quittant la scène pour le réel du monde, il passe à l'acte : *exit* alors l'analyste et le discours de l'analyse, re-voilà le transfert sauvage et sa réponse sans parole, l'acting out...

L'acting out se produit quand d'un dialogue quel qu'il soit, d'un transfert quel qu'il soit, celui supposé savoir qui soutient ce transfert laisse, par une faille de son discours, surgir quelque chose du réel.

La défaillance de symbolisation gomme l'effet du signifiant, le signifié ne trouve son chemin que par l'acting.

L'acting out n'est pas de l'ordre du signifiant - comme le symptôme -, mais du signe : il fait signe à quelqu'un, sans doute, mais signe de quoi, c'est ce qui fait énigme - donc sens.

Car si le sujet, par l'acting, parle d'une autre place que la sienne, il ne se désigne pas comme *je*, il ne sait ni à quoi il répond, ni ce qu'il répond - il ne sait pas ce qu'il dit - il n'en peut, lui, de son acting out, reconnaître le sens.

Il y a référence à un signifiant disparu du symbolisable : à cette limite de l'indicible, l'acting out est une mise en acte du rejet selon le mécanisme de la *Verwerfung* : le symbolique du discours impossible est mis en scène dans le champ du réel.

D'où cette mise en demeure pour l'autre - l'analyste - d'assurer sa position d'interprétant.

Car si cet indicible que l'analysant lui adresse dans l'acting out, si cet indicible, il le voit, il pourra établir en retour la situation analytique : c'est là le rôle spécifique de l'interprétation du récit de l'acting out, que ce retour.

A condition qu'il comprenne ce que l'acting lui montre et qui est le plus souvent du type : «Tu n'as rien compris à ce que j'ai dit, regarde ce qui se passe».

C'est le *mea culpa* de Freud après l'acting de Dora : «C'est vrai, ce problème de l'homosexualité féminine, je n'y ai rien compris».

Si cette réponse agie n'est pas différée, puisqu'*agieren* précède *reagieren* et *abreagieren*, elle n'est pas sans agressivité. Au-delà de l'agacement à se comprendre incompris, il y a passage de la passivité du laisser-dire à l'activité de la monstration.

L'analysant devient actif : il met en scène le discours qui le mettait en scène.

A devenir le meneur de jeu d'une production de son inconscient, donc à diriger, l'analysant bousculé hors de son discours prend position de maître. Même alors qu'il n'en est pas conscient, il sort du discours analytique pour un discours de maîtrise, et c'est bien ce changement de discours qui alerte l'analyste.

Il joue ce qu'il ne peut plus dire.

Qu'il joue ne peut que nous rappeler le comportement ludique de l'enfant qui met en scène la situation qu'il lui faut dominer pour en fuir l'angoisse : cette prise active dans le réel d'un déplaisir qui menace de se répéter. Il semble par là que l'acting out a au principe de plaisir le même rapport que le jeu de l'enfant : le plaisir de reproduire de son chef quelque chose - et pour l'assumer dans le symbolique, et pour le dominer dans le réel. L'enfant avec sa bobine, à ce moment de la constitution même du symbolique, montrait bien quelque chose de l'ordre de *l'agieren*, cette mise en scène commentée de deux mots, la monstration de son rapport à l'autre manquant. Sur la scène où il mimait l'abandon dominé, l'interprétation, faute d'interprétant, n'a jamais été faite, et lorsqu'il a perdu réellement sa mère, il n'a pas manifesté davantage de chagrin qu'en récupérant une fois de plus : *fort* ! sa bobine rejetée : *da* !

Pour situer l'acting out, où se fait l'articulation du dire à l'action, la chute, l'éviction de l'effet du signifiant de la parole ?

Entre le discours et le sans-parole, un point de demi-dire, un point de vérité : celui où le refoulement est dit, mais où le refoulé est tu : la *Verneinung*.

Articulation essentielle, origine du jugement pour Freud, de la pensée pour Hyppolite, que ce point où se clivent l'intellectuel et l'affectif.

En acte, dit Lacan.

En effet, le choix est fait de la moitié tue : il y a acte, effet de signifiant, qui se dit.

Comme dans le premier mouvement de la *Verneinung*, il y a dans le mécanisme de l'acting out refus ou rejet.

Rejet du dire angoissant de l'autre entraînant par un clivage entre symbolique et réel la nécessité d'une réponse autre que langagière.

Un rejet, donc, dans la *Verneinung*, puis le rejet est effacé par une négation qui le vise : un rejet, un retour - l'intérieur, l'extérieur - de deux choses l'une, séparées par un bord : c'est vrai en logique classique où deux négations s'annulent pour revenir à une affirmation donc au point de départ.

La logique intuitionniste considère comme suspecte cette alternative : elle accepte l'éventualité du tiers exclu lié à la double négation, en référence à quelqu'un supposé en savoir suffisamment pour pouvoir le soutenir.

La topologie exemplifie ce mouvement de rejet et de retour, d'intérieur et d'extérieur, elle donne une telle importance à ces frontières qui nous suggèrent cette idées du «out» qu'une interprétation en paraît ici présenter quelqu'intérêt : ce problème de l'intérieur et de l'extérieur a été suffisamment valorisé par Freud pour qu'on ne néglige pas quelque chose qui peut aider à l'appréhender avec plus de références, même si celles-ci viennent d'un champ annexe.

L'ensemble des signifiants est un lieu. Appliquons aux éléments de cet ensemble les règles topologiques élémentaires et l'ensemble des signifiants devient alors un espace topologique régi par les relations de voisinage et les règles d'intériorité comme tout espace topologique. Mais prenons l'exemple d'un champ topologique quelconque, X par exemple, inclus dans l'espace tout entier qui représente son complémentaire. De l'intérieur de ce champ, $\overset{\circ}{X}$, rejetons à l'extérieur un élément, x : ce petit x se retrouve à l'intérieur du complémentaire $\overset{\circ}{C}x$.

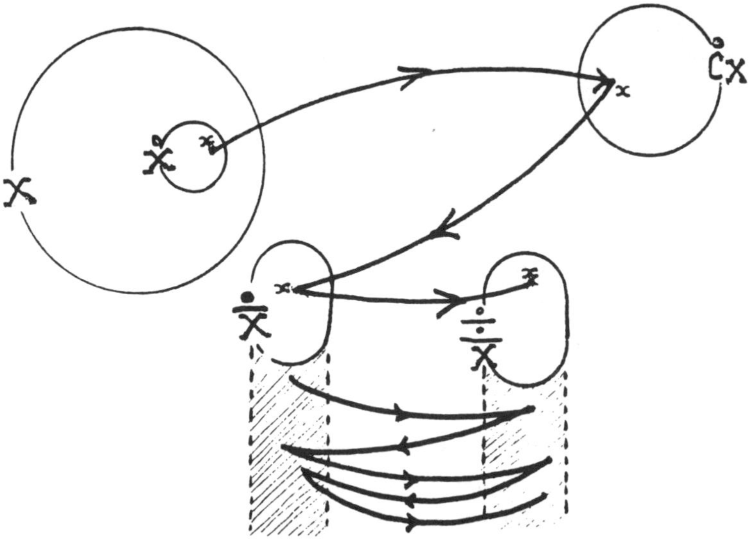

Si se fait, en mouvement inverse, la négation de ce rejet, x quitte l'intérieur du complémentaire et retourne en direction de l'intérieur de l'ensemble de X.

Mais c'est là que la topologie nous indique quelque chose : l'objet rejeté, puis ramené par la négation de ce rejet ne revient pas à son point de départ : il ne réintègre pas l'intérieur de l'ensemble dont il a été éjecté : il s'arrête ailleurs : à l'intérieur de l'adhérence : $\overset{\circ}{\overline{X}}$.

Déjà nous voyons que le retour en arrière ne permet pas, selon les règles topologiques, de retourner au point de départ : il y a perte, irréversiblement, dans un retour.

Cette même altération se retrouve à retourner à l'extérieur par un troisième trajet, à nier la négation précédente : parti de l'intérieur de l'adhérence $\overset{\circ}{\overline{X}}$ où il venait d'aboutir, il va se retrouver encore en un nouveau lieu : l'intérieur de l'adhérence de l'intérieur de l'adhérence X : $\overline{\overset{\circ}{\overline{X}}}$: une fois de plus, il ne revient pas d'où il était parti.

L'intégrité des retours va pourtant s'établir à partir du troisième trajet, comme la troisième séquence ouvre la répétition : là, s'installe une navette sans fin, limitant un champ interdit d'accès, le champ des objets irrécupérables, irrémédiablement perdus.

Rejeté d'abord, repris par une négation de ce rejet c'est bien nous rappeler le schéma de la *Verneinung* : un élément signifiant est rejeté. Il est rejeté pour éviter l'affect qu'il soutient, comme le fait le refoulement, qui est lui aussi un rejet. Ce rejet, dans la *Verneinung*, est dû au jugement, au choix comme acte du sujet. La négation de ce rejet, la récupération du signifiant, sa réintégration dans le champ signifiant du sujet sera le fait de l'interprétation de l'analyste : chassé, ce signifiant sera repris, mais selon la topologie, autre - autre car ailleurs, donc avec des relations modifiées.

Il est remarquable que le schéma de la logique donne cette même altération : toujours dans le schéma de la *Verneinung*, l'opération intellectuelle qui décide du rejet sépare l'énonciation de son affect : quelque chose se perd.

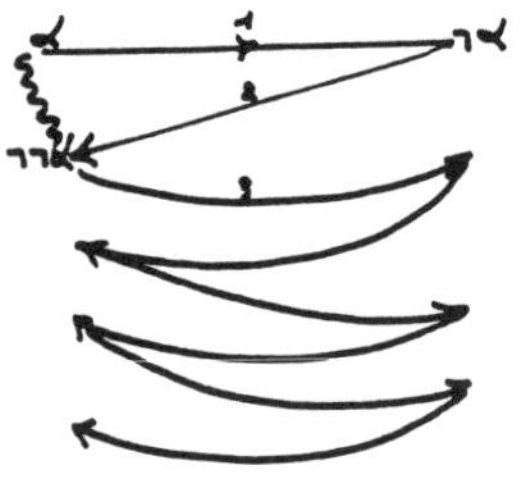

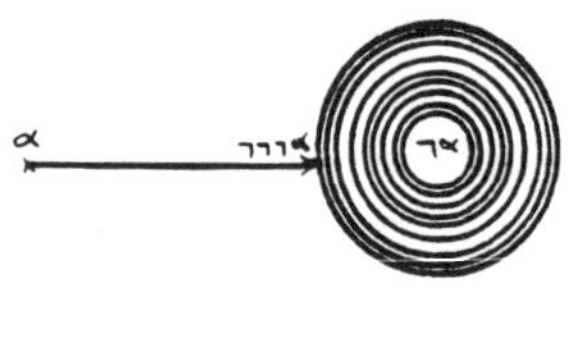

L'énonciation α devient ⌉ α.

De ⌉ α, la négation du rejet conduit au ⌉ ⌉ α, qui est autre qu'α: entre les deux subsiste la perte de ce qui a séparé l'intellectuel de l'affect : il faudrait pouvoir l'y réintégrer pour retrouver α dans son intégrité.

Mais à partir de la troisième négation, on retrouve là aussi le champ statique que nous avait montré la topologie : plus rien ne bouge, α reste distinct de ⌉ ⌉ α : une navette stérile s'établit dans la négation qui tourne en rond.

Le rejet que nous avons vu dans la *Verneinung* nous entraîne à envisager celui de la *Verwerfung* et à pousser la comparaison jusqu'à celui de l'acting out.

Dans la *Verneinung*, un signifiant rejeté d'un champ qui peut représenter le sujet lui-même par sa propre chaîne signifiante dans son complémentaire : il en revenait, reprenait sa place dans la chaîne signifiante du sujet, mais modifié.

Pour la *Verwerfung*, au sens propre du mot, non au sens de la forclusion lacanienne du nom du père, il s'agit de tout autre chose : il y a rejet, mais sans retour. Le signifiant rejeté du champ symbolique subit une transformation si radicale qu'il change de catégorie, d'espèce. Au champ d'où il sort, il ne réapparaîtra jamais, puisqu'il est devenu tout autre chose, se manifestant dans le réel.

Alors que je cherchais un mot qui illustrerait précisément cette radicale et irréversible transformation, ce passage au-delà d'une frontière, un mot m'est venu, que je me décide à vous rapporter ici après avoir longtemps hésité. Car ce n'est qu'un mot - mais enfin, nous analystes, nous n'en pouvons méconnaître le poids.

Il illustre à la fois la notion de changement irréversible de catégorie et, point par point, l'explication que donne Freud du rapport du mot d'esprit avec l'inconscient - précisons : avec le savoir inconscient.

Pour cette frontière à traverser - à traverser pour arriver dans le réel - je voyais l'Acheron : comme quoi, quand on pense au réel, l'idée de la mort vient tout de suite.

Mais cette frontière traversée, la transformation subie s'est dite

métempsycose

ce qui peut se dire en un seul mot ou en trois :

«met en psyc(h)ose»

Autrement dit, le changement irréversible de catégorie est une

«mise en psychose»

Revenons à l'acting out : il a entre les deux une insaisissable place intermédiaire : un élément symbolique est rejeté du niveau du langage, qui apparaît transitoirement, qui fait une apparition dans le réel sous forme d'un comportement inquiétant, scénique.

Mais il ne s'agit pas là d'une «métempsycose» : c'est un réel transitoire, un réel de théâtre : il joue à être autre chose que symbolique. Son rôle terminé, il quitte la scène du réel où il était monté par nécessité et réintègre son champ propre, celui du symbolique, des signifiants.

C'est ce retour qui est l'effet du rôle de l'interprétant.

Artefact du maniement du transfert, il mérite parfois, tant il peut être imprévu, incongru, d'être appelé un coup de folie - mais il n'est pas, dans son dynamisme, parfois explosif, de structure psychotique.

Le point commun demeure : celui de la frontière imaginaire qui est traversée, out, du symbolique au réel : mais l'acting a toujours un ticket d'aller-retour.

Le procès de l'analyse n'est pas une lente et régulière avancée, comme le serait un apprentissage : on y admet la régression, les névroses transitoires issues d'une interprétation et résolues par une autre : pourquoi ne pas admettre l'acting out, parfois, comme insensé ?

Un comportement insensé dont nous nous protégeons tout de même, plus interdictifs que nous n'osons nous l'avouer, par cette règle d'abstinence qui, partant du réel, justement, met en garde contre lui.

Du point de vue économique

Il est de l'ordre de l'évitement de l'angoisse, de l'angoisse devant quelque chose du réel qu'une défaillance de l'autre a laissé passer dans le champ analytique.

Lorsque l'analyste, par ratage de l'interprétation prête à surgir, par un passage à l'acte qui l'indique en position de maître, par le dévoilement d'un symptôme qui le désigne comme sujet, par un dire qui découvre son propre désir, sort du discours analytique - qu'il y est, de ce discours, *out* - l'analysant n'y peut rester seul et le suit - *out.*

Il ne peut, l'analysant, rester dans ce discours analytique dont l'analyste a glissé, et adresser son dire à une absence, à un manque vertigineux dont la cause est l'effacement de l'imaginable et du symbolisable de l'autre, et dont l'effet est l'angoisse.

Car l'analyste a différents prétextes à briser le discours analytique qui soutient la situation permissive du laisser-dire et du laisser-faire, par des défaillances, justement, de son savoir et de son savoir faire.

Ainsi l'interprétation sauvage, par son mépris du savoir analytique quant à ses effets, est une forme de discours du maître : son énonciation supporte en même temps un diagnostic qui est un jugement au niveau du savoir, et un constat sans circonstances atténuantes qui est un jugement de valeur. L'analyste, là, ne reste pas à sa position de supposé-savoir, il se met dans la position de maîtrise d'être celui qui sait : quittant sa position de semblant, il perd celle d'analyste - et le transfert, sans analyste, devient l'acting out.

C'est pourtant bien de faire semblant - semblant d'être et semblant d'avoir à demeurer - à cette position de supposé-savoir, c'est de ce *faire semblant* que l'acte psychanalytique se soutient : que l'analyste en sorte, du semblant, et le voilà confronté au réel. L'analysant s'y trouve confronté du même coup, dans la sidération et l'angoisse - l'hystérisation se trouve être du même coup nécessaire et impossible : le réel l'interdit, le discours se tarit - c'est l'angoisse.

L'angoisse, cet envahissement par l'épouvante du réel, épouvante qui se confirme au fur et à mesure de l'effondrement de la capacité de symbolisation et de l'inanité de la protection de l'imaginaire : dès que le réel se pointe, non pas où il était attendu, (il ne l'est nulle part et jamais), mais dès qu'il fait la surprise de se faire entrevoir, c'est l'angoisse et la panique.

Une panique contre laquelle le langage s'épuise et tourne à vide ; il reste la motricité comme fuite, comme défense, comme évasion, l'acting, le passage à l'acte ou sinon la sidération de l'autisme.

Il n'est que de se rappeler comment Lacan la situe dans son Séminaire de 1963 : l'angoisse comme affect est au maximum de la difficulté et au plus vif de la dimension de mouvement :

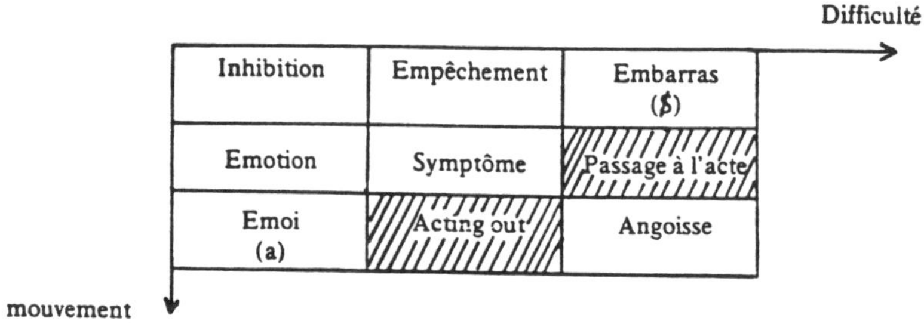

L'acting out fait écran, au niveau du plus profond de la dimension de mouvement, entre l'angoisse et l'émoi qui représente la chute du petit *a*, alors que le passage à l'acte, au niveau du maximum de la difficulté, fait écran entre l'angoisse et l'embarras, soit le moment où le sujet se voit barré.

Dans les deux sens, la motricité précède l'angoisse qui, elle, est au pire des deux.

Quel est cet élément de réel, et quelles sont ces réponses motrices ?

Quel est ce surgissement de réel introduit en catastrophe dans l'analyse si ce n'est celui qui est le pivot de l'acte psychanalytique : le petit *a*, point de nouure où le champ du réel vient recouper l'intersection de l'imaginaire et du symbolique.

A secouer le joug de sa position de semblant, l'analyste cesse, en cessant de soutenir l'acte analytique, cesse de supporter le petit *a* de l'autre : loin d'être rejeté en tant que tel par l'analysant, - ce qui, ce joug de l'analyse, l'en libérera - c'est lui qui le rejette et le renvoie à l'analysant, ce petit *a*, ce bout de réel en forme de reste.

La confrontation avec le réel est cette rencontre du sens avec l'objet *a* : de là le rejet, de là le refus.

L'acting out est l'effet de la rencontre avec le petit *a* : effet d'angoisse - au-delà du langage, elle impose la motricité.

La motricité comme réponse peut être de différents niveaux d'organisation et de finalité :

- elle peut être triviale, sans but apparent, adressée à personne en particulier : c'est l'agitation psycho-motrice ;

- répétant une scène archaïque, il peut s'agir du scénario inspiré de l'hystérique ;

- mais les types de conduite motrice qui nous concernent ici sont le passage à l'acte et l'acting out, et leurs rapports à l'acte.

Le passage à l'acte est le franchissement de la scène, scène imposée ou organisée par le sujet lui-même, c'est le franchissement de la scène vers le réel : immédiat, non différé comme l'est l'acting, c'est typiquement le défenestration.

Devant cet objet *a* qui lui est montré, il ne lui reste qu'à s'identifier à lui, et comme lui chuter, puisque c'est là sa vocation : *niederkommen*, dit Freud.

Car on ne peut pas ne pas invoquer l'exemple princeps de la jeune homosexuelle : de la scène qu'elle a montée elle-même, scène où elle attend l'autre, son père, elle reçoit de cet autre qui, bien sûr, a fini par y monter, sur la scène, elle ne reçoit qu'un regard de mépris - rien de l'ordre de l'interprétation ; elle ne peut être, à se réaliser, que ce regard, cet objet de mépris à balancer par dessus le parapet, et elle saute : voilà le passage à l'acte, - et non le suicide comme acte, tel que le choisissaient les stoïciens.

Quant à la situation où elle se trouvait, au bord de ce parapet, au bras de sa Dame, présentifiant ce comportement inquiétant et agressif envers les siens, c'était bien un acting out, une monstration, une réponse sans dire.

Et que montrait-elle, qui n'a pas été entendu ?

Son désir ... Car c'est toujours du désir inconscient qu'il s'agit, du désir transféré.

Mais comme le désir est menteur, ce qu'il met en scène sous forme de charade jouée, de toute façon, c'est pas ça.

Ainsi nous voyons l'acting out réponse à un passage à l'acte - fuyant devant le a -, nous le voyons préludant à un passage à l'acte - qui sera une identification au a.

C'est que l'inconscient qui n'est pas menteur - c'est le désir qui l'est - et qui n'est pas réticent - c'est le Principe de plaisir qui le muselle - l'inconscient ne dispose pas dans cette situation de la voie de l'Imaginaire : c'est la royale, celle qui par les déplacements, par les condensations, le polymorphisme du sujet constitue la scène du rêve.

Il ne dispose plus de la voie symbolique qui aboutit au symptôme - qui se désigne lui-même, se suffit à lui-même et ne fait appel à aucun interprète.

Il ne lui reste que la voie de l'action, dans le présent, dans le réel, en s'y soustrayant en tant que sujet, en y inscrivant un désir charadiste : se taire ; à quoi il est contraint, dont il aura à dire «Je me suis tu». Lalangue nous y fait entendre clairement le rapport de taire à la mort, l'impensable réel : se taire est métonymie de mourir.

L'acting n'est pas un saut dans le réel comme le passage à l'acte : son discours s'adresse à un autre, mais indirectement, au-delà du *fading* de la parole. Celui du passage à l'acte s'adresse à l'Autre avec un grand A.

Le discours de l'acting s'adresse à un autre dont il attend une interprétation qui permette le réinvestissement narcissique par la remise en service de l'imaginaire et du symbolique, alors que par le passage à l'acte, le sujet se réalise lui-même en ce sens qu'il s'inscrit dans le réel, cette inscription devant être lue par les autres.

Aucun des deux n'a le statut de l'acte, son effet signifiant, sa coupure structurante conduisant le sujet à réapparaître après l'acte, autre, irréversiblement modifié.

L'acting est un moyen d'expression, une forme accidentelle de discours, mais il n'est qu'un moyen : il doit faire des gestes au sourd auquel il s'adresse - mais il n'a pas de valeur structurante.

Il dit différemment, en contournant l'obstacle, mais ni plus, ni moins, ni autre chose.

C'est dans l'acception de tentative désespérée qu'il est un moyen : car la création des personnages dont le sujet se désigne selon un axe en baïonnette - *regardez-bien, c'est pas ça* - puisqu'il ne peut s'y situer que par une absence, cette créature n'est-elle pas, hors langage, pour parer à la dépersonnalisation, et s'imposer à l'autre, quand même, comme porteur d'un discours ?

L'acting n'entraîne ni modification de structure, ni perte, ni acquisition : il est monstration, non prothèse.

Une monstration, non une démonstration : il n'y a pas de perte.

Une monstration, non une prothèse : encore un point qui le différencie du symptôme.

L'analyse étant par son cursus un retour en arrière, un trajet à remonter les traces pour en retrouver l'origine à travers les silences du refoulement et le treillis des diverses formations de l'inconscient, nous devons admettre que chaque retour le long d'une trace s'arrêtera un peu trop tôt : nous ne pourrons jamais obtenir l'intégrité de ce dont nous n'avons que la trace.

A chaque retour, il y a perte.

A chaque répétition, il y a perte.

A chaque prothèse, il y a perte : Lacan nous l'a montré en 1976 : le noeud mal fait, le lapsus de noeud, ou le noeud mal refait après avoir été dénoué, ce noeud, si efficace qu'il devienne d'avoir été ligaturé par le symptôme, n'est pas le noeud d'origine, tel qu'il aurait été s'il n'avait pas été nécessaire d'y toucher.

L'acting out, ni remémoration, ni répétition, réponse dans le réel, formation de l'inconscient, EX-POSE, hors le sujet, *out*, dans un mouvement *en avant*, pas en arrière.

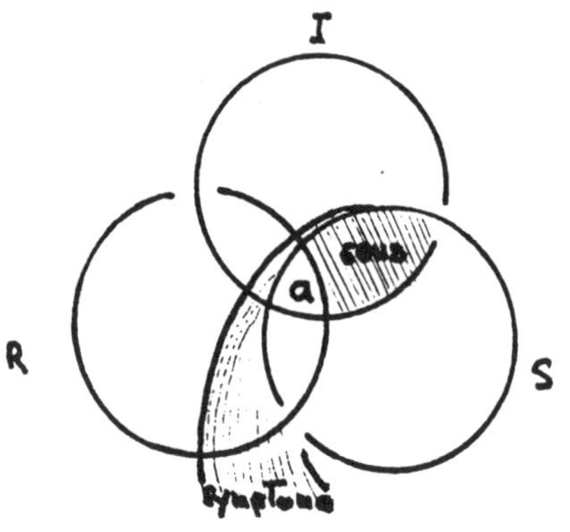

Il n'y a pas de perte : au sens de l'énigme - champ commun à l'imaginaire et au symbolique - s'ajoute le pont de serrement du petit *a*, emprise du réel.

Là est la richesse, comme l'effet de surprise de l'acting out par rapport à l'énigme ou à l'énonciation soutenues d'une parole : le petit *a* n'en est pas chû, ce qui adviendra dans la verbalisation secondaire inaugurant le retour dans le discours analytique.

Retour dans le discours analytique, perte : à le dire le sujet ne comprend plus rien à ce qu'il a fait, il est saisi du sentiment d'étrangeté.

C'est là que l'interprétant a à établir le discours analytique, à réassumer sa place de petit *a* en position de semblant, assis sur son savoir en position de vérité.

place de
l'analyste

$$\frac{a}{S_2} \longrightarrow \frac{\$}{S_1}$$

son savoir

signifiant
produit

Sortie, retour : il y a là une pulsation où analyste et analysant ont été prendre l'air du champ de la réalité.

A l'origine de la sortie, il a été question de défaillance de l'analyste et de *fading* du discours analytique : défaillance n'a pas à être pris dans un sens d'incompétence : à glisser de temps en temps de son fauteuil, l'analyste témoigne qu'il est lui aussi effet de langage.

Infailliblement vissé à son fauteuil, il serait une statue du Commandeur qu'aucun verbe ne saurait faire avancer.

Infaillible, ce serait maintenir coûte que coûte la relation duelle comme strictement réelle, dans le réel d'une situation expérimentale.

Que l'analyste ne perçoive l'imaginaire de la relation que pour l'effacer, que pour maintenir réelle la distance, rigide la relation, c'est risquer des réactions réelles : des réalisations perverses par exemple, dont les pointes sont souvent du type du passage à l'acte.

Que par contre il conforte par la réciprocité, l'imaginaire de la relation analytique, qu'il en favorise le côté spéculaire, c'est ouvrir le champ à la passion aliénante, laisser s'instaurer la névrose de transfert pouvant exploser en psychose passionnelle.

Mais que la frontière du champ analytique soit festonnée de monstrations à interpréter, que du réel vienne, ni interdit ni obligatoire, faire parfois trace sur le sens, laisse à l'analyste la liberté de n'être pas un robot d'écoute, et à l'analysant celle, de temps en temps, d'inaugurer.

SAVOIR SU ET SAVOIR INSU

«De quoi s'agit-il ?»

Maréchal Foch

Qu'est-ce qui nous permet d'introduire cette division du savoir en su et insu, su et insu en tant que qualificatifs, si ce n'est que ce clivage est sans cesse audible dans le discours de l'analysant.

Car il est bien de deux types différents, le discours qui nous est donné à entendre :

- un discours vide, sémantiquement inattaquable, transmettant des événements, des idées reçues, des connaissances,
- et puis les achoppements, les ruptures, les lapsus, les éclatements qui soutiennent, au delà de la langue, ou en deça, dans des réactions syntaxiques qui cristallisent, des vérités insoupçonnées - insues - du parleur.

Si ces deux types de savoir ont toujours existé, leur clivage ne peut-il être défendu et illustré que par ceux qui se soutiennent de l'existence de l'inconscient ?

Bien avant eux, ceux qui interprètent - les artistes - l'ont su : ils se sont reconnus porteurs d'un savoir qui les distingue, qui ne leur a pas été transmis, et ils ont été comme tels reconnus par les autres.

Etre reconnu des laïcs, tel était bien le voeu exprimé par Ferenczi quant à la psychanalyse, dans son article de 1911 où il demande l'institutionnalisation de la science nouvelle. Il y souligne de plus la compréhension des tempéraments artistes qui, précise-t-il, «ont grandement contribué à la propagation des idées de Freud». Ferenczi ne fait pas dans ce texte allusion à l'accueil fait en France à la psychanalyse : on sait que là aussi ce sont les «tempéraments artistes» - les surréalistes en particulier - qui les premiers ont osé prendre la psychanalyse au sérieux et en dire autre chose que des injures.

L'un comme l'autre, l'artiste et l'analyste, ont le sentiment d'être, vis-à-vis de leurs contemporains, «en marge». L'un comme l'autre font quelque chose qui n'entre pas dans l'échelle de valeur de ce que font «les autres».

Ils témoignent d'un savoir qui effraie ou fascine - et non de celui qui force le respect et l'admiration, celui du savant.

Au-delà d'un savoir-faire, d'un métier qui s'acquiert par apprentissage, l'analyste comme l'artiste produit quelque chose qu'il n'a pas été en mesure de prédire : ce n'est que dans l'après-coup, avec les éléments nouveaux qu'apporte le résultat, que l'accession de ce résultat peut trouver des arguments. Entre le travail et la production, la relation de cause à effet n'est pas directe : la réussite y dépend d'autre chose - de non appris, de non mesurable, de non transmissible.

Il s'agit là de tout autre chose que de l'ensemble des oeuvres perverses auxquelles les hommes courent haletants, et pour lesquelles la réussite est proportionnelle au travail et à la peine qu'on leur a portés.

Un artiste, quelqu'il soit, devant ce qu'il a produit, quoi que ce soit, ne peut pas ne pas s'être demandé : où ai-je trouvé ça, que les autres ne cherchent même pas ? et comme personne ne le lui a transmis, son questionnement ne se prolonge pas sans angoisse : et d'où ça me vient ?

C'est un don, disait-on, ce qui n'explique rien - ou bien on précisait : c'est un don de Dieu, ce qui expliquait tout et clôturait l'affaire.

Comment, pour l'artiste, «faire avec» ce sentiment d'un savoir non partagé - ou partagé avec quelques-uns, ceux de la même paroisse ?

Comment faire avec ce savoir d'origine inconnue, ce savoir inconnu des autres - même des savants ?

La défense contre lui, contre l'angoisse qu'il entraîne, se fait d'un tressage d'hystérisation et de narcissisme : on a du talent, il faut l'imposer aux pharisiens.

Cette défense peut être suffisamment efficace pour éteindre l'effet avec la cause : à étouffer l'affaire, l'artiste peut réussir à s'imposer comme normalisé, c'est-à-dire dépouillé de sa particularité.

Le talent ne serait-il pas réservé à celui qui, ce savoir insu, ne cherchera ni à le maîtriser ni à le normaliser, mais le laissera dans une position de vérité dont il aura l'humilité, lui, l'artiste, de n'être que le vecteur ? Cette humilité ne serait en rien superflue, puisqu'il ne sait ni ce qu'il fait, ni pourquoi : son oeuvre fait de lui le premier surpris.

L'interprétation analytique, sa cause, ses effets, ont même résonance : dire juste le mot qu'il fallait dire à un moment précis, sans l'avoir prémédité, sans avoir la moindre idée d'où ça vient ni où ça va mener, en être le premier surpris - et que la suite montre que c'était exactement ça qu'il fallait dire - est-ce du talent ? Est-ce du métier ? Et ça vient d'où ?

D'un savoir, d'un savoir insu - du savoir de l'inconscient.

C'est l'interprétation qui reste le point commun entre les artistes et les analystes : le processus y est le même, de celui qui produit, mobilisé par son savoir insu - par le savoir de son inconscient.

Les artistes ont interprété bien avant nous, sans en avoir jamais donné d'explication. De même, la cause d'une interprétation analytique ne se peut éclaircir, alors que ses effets pourront faire l'objet de longues dissertations.

L'origine d'une interprétation est aussi obscure que celle d'une production artistique - l'interprétation, non pas l'intervention, qui, elle, est rationnelle : l'interprétation en tant qu'un dit sans calcul, spontané, faisant involontairement trace d'un savoir : bref un dit sous la forme d'un mot d'esprit.

Non rationnel, non prémédité, hors le savoir-faire : ça ne s'apprend pas, ça ne se transmet pas : c'est là le «tact» de Ferenczi, contre lequel Freud le mettait en garde : ça, vous ne pourrez pas l'apprendre aux jeunes, malgré votre passion de les bien former.

Ainsi ce savoir insu tel que nous venons de l'envisager chez les artistes et chez les analystes a cette particularité de n'être pas enseignable - donc transmissible.

Il se trouve ainsi opposé au savoir su qui est pour chacun l'ensemble de ce qu'il sait, l'ensemble des connaissances transmises par les autres, acquises par le travail et à son tour transmissibles à d'autres.

Insu est-il négation de su ? Il y aurait contradiction, puisqu'on ne peut en même temps savoir et ne pas savoir. Insu apporte à l'idée de savoir, non une négation, mais la dimension d'un manque : c'est su, mais ailleurs.

Pour apporter la négation du su, il nous faut introduire un troisième terme : le non-su. A su, nous pouvons alors conjoindre et la négation et le manque : su - insu - non su.

A non-su, la négation ne porte pas sur l'objet du savoir mais sur le savoir lui-même. Insu implique le manque, et l'objet de ce manque est encore le savoir.

L'objet du manque est le savoir - de quel niveau est ce manque ?

L'absence apparente de ce savoir ne peut être un dam, une frustration au niveau de l'imaginaire. Si c'est une privation, le niveau du manque est bien réel, l'objet du manque étant symbolique et l'agent imaginaire.

Imaginaire, le veto de l'inconscient ? Ne sommes-nous pas plutôt en droit d'attribuer au réel l'impossible d'appréhender de plein pied le savoir de l'inconscient, à l'imaginaire l'objet de ce savoir, donc au symbolique le niveau de ce manque.

Autrement dit, l'écart entre ce que nous savons et ce que nous ne savons pas savoir est de l'ordre de la castration. Castration première, prix à payer imposé par le fait d'être parlant, d'être parlé, d'avoir un inconscient structuré comme un langage.

Dont le savoir nous est scellé.

Il nous est scellé, mais il est su ailleurs : il y a des fuites. Ces fuites, traces repérables dans l'oeuvre de l'artiste, dites par l'analysant, entendues, distinguées, utilisées par l'analyste peuvent, de trace, devenir dire et prendre droit de cité. Reconnues, elles deviennent sues, elles deviennent éléments de connaissance. D'insues qui les qualifiait, elles sont reconnues comme sues, et après avoir été dites insues, elles sont répétées sues.

D'insues à sues, c'est bien d'un qualificatif qu'il s'agit. Car dire de l'insu que c'est un substantif reviendrait à dire que l'insu c'est l'inconscient, et cette substantification serait soutenable si l'insu restait toujours insu. Alors que le travail de l'analyste est précisément de le sortir de son guette, d'en faire connaître des bouts, d'en varier l'épaisseur d'inconnu, c'est-à-dire de le faire changer d'état.

Cahin-caha, à contre-coeur et au prix de pénibles avatars, l'inconscient va se dévoilant au cours du cursus analytique : de découverte en découverte, son savoir d'insu devient su - il s'agit bien d'un qualificatif attribué au savoir de l'inconscient.

Au philosophe d'en faire un néologisme pour le désigner comme concept, comme Heidegger a fait de l'impensé.

Su, insu, non-su, tentons de préciser ces mots que nous introduisons dans l'analyse qui leur donne un sens, sans rouler de syllogismes en métaphores, sans aboutir à une métaphysique rêveuse ou à une scolastique raide.

On ne peut pas parler de l'insu qu'à le différencier du non-su : nous en avons vu le manque et la négation.

Quelle est leur ligne de partage ? L'apprentissage - autrement dit, la transmission.

Du non-su au su, il y a l'apprentissage. Il y a acquisition d'un savoir possédé par les autres, ou par un autre, et qui est ainsi transmis. Le cumul est possible : plus on apprend, plus on en sait, de l'apprenti au maître, du certificat d'études à l'agrégation. Chaque acquis de savoir s'additionne au déjà su précédent vers une somme de plus en plus considérable. Mais on peut s'arrêter en chemin : le savoir appris reste acquis.

Et le vecteur de cette acquisition, inscrite, mémorisée, transmise, reste l'apprentissage, que ce soit le travail ou l'étude.

Entre l'insu et le su, il n'y a pas, il ne peut y avoir d'apprentissage, pas plus qu'il y a transmission du savoir insu des autres ou d'un autre. Il y a trouvaille, il y a découverte d'un savoir déjà su, su par son propre inconscient.

Avant l'apprentissage : le non-su ; avant le dévoilement : l'insu, savoir antérieur.

L'ambiguïté du terme savoir devient évidente et nous astreint à un recoupement qui est plus qu'une nuance entre savoir et connaissance.

Il nous faut avant de poursuivre, distinguer le savoir tel qu'analystes lacaniens nous l'entendons, ce savoir lourd de conséquences qui n'est pas un effet de travail - qui peut même être donné - et le savoir scientifique, universitaire, le savoir logique que nous appellerons connaissance pour lever l'ambivalence encombrante du mot.

Le travail analytique, cette levée de l'obscurité exigée de l'inconscient par la découverte de l'insu en su, fait passer l'analysant du domaine du savoir à celui d'une connaissance, celle en particulier qui faisait pour Freud pont-aux-ânes : la connaissance de l'existence de l'inconscient.

Du savoir insu de l'inconscient à la connaissance du fait de son existence, il y a changement de domaine, il n'y a pas cumul.

Avec l'arète de l'apprentissage qui distinguait formellement non-su et insu, voici se dessiner une deuxième différence importante : lorsque se déchire une résistance de l'inconscient et que s'énuclée quelque chose de nouveau, d'imprévu, de son savoir secret pour devenir une évidence nouvelle, une connaissance énonçable, il n'y a pas cumul mais remplacement - donc perte.

Au niveau du savoir de l'analyste, au niveau de sa recherche de théorisation, la chronologie des découvertes de Freud donne un exemple éclatant d'une trouvaille ouvrant un nouveau monde au détriment du précédent : c'est sa découverte de la pulsion de mort.

L'irruption de ce nouveau savoir l'entraîne à considérer comme périmée son articulation antérieure jusque là basale pour en instituer une nouvelle : la tentative de systématisation freudienne pivote autour de cette date - avant la pulsion de mort, après la pulsion de mort.

Au niveau du savoir de l'analysant, c'est le même air qu'entend l'analyste chaque fois qu'une interprétation ou une intervention ont le résultat de démystification escompté : en même temps qu'il s'exclame : «Je l'ai toujours su» - ce qui est vrai - il abjure ce qui pour lui faisait jusque là évidence.

Les deux ne se peuvent conjoindre. Il n'y a pas de capitalisation de savoirs, mais changement de monde : dans l'un règne une vérité, le suivant est régi par une autre.

Dès que le second prend forme, le premier devient caduc, il est abandonné avec mépris, voire avec regrets. Ce sont tous ces changements successifs qui conduisent au changement de personnalité de l'analysant.

Ce travail de l'analyse, ce passage de l'insu au su par substitutions et pertes, se fait bien dans une temporalité de répétitions et non dans une temporalité linéaire de l'apprentissage, pas plus que dans celle de la régression.

Mais si le travail était le moteur de l'apprentissage, quel est celui qui ouvre l'oreille de la connaissance au savoir de l'inconscient ?

Que l'inconscient se laisse piéger par la langue ne suffit pas; encore faut-il que l'autre, dans son fauteuil, l'entende et en témoigne. C'est par cet autre écoutant que quelque chose craque de ce qui constituait celui qui parle. Et ce qui fait le poids de celui qui écoute ne vient pas de lui-même mais de celui qui parle : c'est le transfert.

Le transfert, amour présent en référence à l'amour antérieur n'est-il pas la clé de cette renaissance du savoir antérieur lui-aussi, de son irruption dans les connaissances présentes ? Tout comme l'amour d'antan ressurgit et s'énonce.

On ne peut pas aller plus loin que souligner le parallélisme de ces deux mouvements de retour.

Mais cette antériorité du savoir de l'inconscient qui advient à cette renaissance, jusqu'où la faire remonter - puisque, toujours, ce savoir, il était là avant ? Est-il déjà philogénétiquement inscrit ?

Chacun naît avec une potentialité intellectuelle déterminée, en rapport avec le nombre fini de ses cellules corticales - l'immaturation spécifique à l'espèce tenant à l'inachèvement des connexions : peut-on avancer que le savoir y est déjà inscrit ? Peut-on, métaphoriquement, envisager la naissance à la vie de l'être parlant avec le support cérébral définitif d'un savoir d'emblée lui aussi complet ?

Tout l'acquis postérieur ne serait qu'accumulation de traumatismes événementiels - le premier en date étant celui de la naissance elle-même, en remontant encore plus avant que le point de vue ontologique de Rank. Les documents de Leboyer ont bien mis en lumière les souffrances qui accompagnent l'irruption hors de la douceur amniotique, silencieuse et obscure, à l'éclat des scialitiques, à la poigne de l'accoucheur, au viol des alvéoles pulmonaires par l'air que respirent les sujets parlants. Cet enfant né sans agression extérieure, loin de hurler, sourit, les yeux ouverts et son visage doucement pensif est celui que les orientaux, sous les traits de Bouddha, ont choisi pour représenter la sagesse. Alors, le savoir antérieur à toute acquisition, ou la sagesse comme régression ultime ? Ce ne serait qu'aux stades d'apprentissage que se produiraient les perturbations rendant caduque, inutilisable, toute l'organisation satisfaisante à l'origine.

Cette notion d'inconscient philogénétique, n'est pas recevable. L'inconscient ne peut précéder le langage ; or le système nerveux, comme support de la pensée et des perceptions ne peut fonctionner que comme un réseau informatique complexe : la prématuration fait naître l'humain avec un cerveau déficitaire, interdisant, avec la possibilité de symboliser, l'accès au langage.

Ou bien, comme le langage, avec le langage, le savoir de l'inconscient est-il le résultat d'une transmission de parents à enfants, de maîtres à élèves ?

Transmission avec ou sans avatars : donc transmis pour l'un, pas pour l'autre, - ou mal. Non-névrosé, névrosé, psychotique, y aura-t-il quelque chose de différent au niveau de la transmission du langage et partant, du savoir de l'inconscient ? Celui-ci pourrait-il être différent simplement par carence de transmission, jusqu'à la rupture comme origine de la psychose ?

A reprendre la transmission du langage, il apparaît bien qu'elle se fait malgré ceux qui parlent, sans qu'ils le sachent - à leur insu. Le processus s'y réduit à l'environnement, par des accessions au symbolique qui passent par l'identification.

L'important de ce processus, c'est le processus lui-même en tant que lié à la progressive maturation de l'appareil nerveux : on ne peut désigner cette transmission que comme non-concertée.

Tout ce qu'on en sait, c'est sa primauté structurante : l'enfant privé du bain de langage, privé de cette transmission non-concertée, l'enfant sauvage - l'histoire nous a apporté quelques cas de ces enfants-loups - s'il a su animalement préserver sa vie, est fou vis-à-vis de l'espèce humaine dont il est sorti. Pas de langage, et c'est la folie : non qu'il transmette quelque chose de l'inconscient d'une génération à l'autre, mais parce qu'il est nécessaire - comme modèle, comme cause - à la structure qui se constitue de l'inconscient et de son savoir.

C'est dans ce clivage du langage au corps que se noue l'inconscient.

La transmission du langage est à l'origine de l'inconscient mais dire que c'est l'inconscient qui est transmis nous ramènerait au concept d'une transmission philogénétique. Cet inconscient-là, conjugable au singulier comme on le fait du nombre, aurait un référent : un capital génétique, par exemple, spécifique à l'espèce. C'est ce référent qui détiendrait l'antériorité, et au langage et à tout savoir de l'inconscient - le langage n'y serait que vecteur de transmission, et celle-ci y serait responsable des écarts entre le transmis et le référent : les névroses seraient des ratages, les psychoses des échecs en regard du capital-savoir de référence.

Cette idée d'un référent génétique au savoir de l'inconscient est une pente où d'aucuns ont déjà glissé vers des idéalismes, voire des mysticismes abondamment illustrés - ne serait-ce que Thalassa - ; quant à l'idée d'accepter des référents divers, alors c'est la légitimation des ségrégations et des racismes les plus rigides.

- s'il n'est pas philogénétiquement inscrit, s'il n'est pas philogénétiquement transmis par le langage, alors, ce savoir de l'inconscient, insu, dont l'existence est étymologiquement antérieure à l'autre, il doit s'acquérir, se conquérir avec la vie. Avec la vie - avec le langage : aussi précocement, mais pas avant.

Freud lui-même n'a pas été sans entendre et donner son attention à ces idées de transmission philogénétique de l'inconscient. Il y a répondu par *Totem et Tabou* où il désigne les signes de conflit avec le père, et non avec une mère mythique : un conflit rencontré dans l'existence, et non transmis d'un capital culturel. Il défend sa conception de l'inconscient dans *Inhibition, Symptôme, Angoisse* contre Rank et Ferenczi ? De ce dernier il salue le souffle épique, océanique, mais il reproche à ce souffle de balayer les éléments qu'il a apportés, essentiels comme la castration et l'inceste, au profit de la mère, à laquelle il ne voit de plus grande importance que poétique.

L'angoisse, le conflit, Freud ne les voit pas dans la naissance comme Rank, ni avant comme Ferenczi, mais bel et bien comme conséquence, comme effet, comme acquit. C'est l'existence du père qui fait problème, ce n'est pas un concept. Et c'est en réponse aux problèmes que se constitue un savoir.

Que manque-t-il à ces conceptions qu'il attaque en les amoindrissant du terme de bioanalyse ? De ne pas dépasser la dimension de l'imaginaire : la dimension symbolique leur fait défaut, qui seule permet à une construction de prendre valeur de fondation. Et sa construction, l'Oedipe, a bien pris valeur de fondation, avec l'inconscient et son savoir qui nous occupe ici.

Ce savoir de l'inconscient n'est transmis par rien ni personne ; il se constitue, il se conquiert avec et par le langage, dans un effet d'après-coup. Et selon la syntaxe de la langue, il se dissimule derrière un code dont la clé est jetée dans le puits de la vérité.

Tachons d'aller plus avant au sujet de ce savoir de l'inconscient qui ne se transmet pas, qui n'est pas transmis, et qui ne s'accumule pas linéairement en capital, ce savoir qui n'est pas reconnu comme su mais le devient par trouvaille changeant alors diamétralement de statut - ce savoir insu qui se distingue de l'ignorance de n'être pas contradictoire avec le savoir su, temporellement, tout en l'étant logiquement.

Comment confronter, en référence à la logique, le su et l'insu ? Nous n'avons de meilleur moyen que la logique du savoir, plus précisément la logique épistémique, dérivé et application de la logique modale.

Cette logique épistémique ne porte exclusivement que sur le savoir que nous avons désigné du terme de connaissance. Le savoir du champ de la psychanalyse - par exemple le savoir sur la polarité sexuelle - n'a jamais préoccupé Hintikka pour lequel tout savoir non scientifique, non universitaire, ne peut être qu'aberration. Ce savoir de l'inconscient que nous ne savons pas savoir, qui fait fi des connaissances, fi de la contradiction, fi du «je», ce savoir que le logicien n'a même pas voulu envisager, impose son inconsistance dès qu'il est formalisé. Allons-nous pouvoir lier ces axiomes du savoir au fait que le savoir insu soit inconscient ?

Il nous faut reprendre l'affaire dans son historicité pour nous y frayer notre chemin.

La logique modale se soutenait, jusqu'en 1956, d'une approche purement axiomatique comprenant ses signes, ses règles, ses abréviations, ses schémas d'axiome et ses thèses : un système complet, un outil de travail rodé. Pourtant, il présentait aux logiciens un irritant problème : une formule qu'ils ne pouvaient paradoxalement retenir malgré son apparence triviale pour la même raison qui devrait nous faire renoncer à notre savoir insu : elle n'était pas valide.

A savoir que : «Ce qui est nécessaire est nécessairement nécessaire» entraînant que ce qui est possible l'est nécessairement et que, dans toutes les variantes possibles, y devra figurer le nécessaire, lequel, ainsi, ne cessera pas de s'écrire.

C'est Kripke qui, en 1956, eut l'idée d'ajouter une sémantique basée sur l'accessibilité d'un monde à l'autre, avec la transitivité qui n'existait pas dans le système T. Ce système T auquel est adjointe la transitivité devient un autre système, S4, pour lequel le diagramme sémantique de contrôle admet comme valide ce nouvel axiome, dit axiome 7, ainsi que ses conséquences. Valide : qui ne peut pas être faux, qui ne peut pas prendre la valeur 0.

C'est ce système S4 que Hintikka utilise pour sa logique du savoir, ou logique épistémique. Il remplace l'opérateur N - nécessaire - par l'opérateur S - savoir, et le personnalise par des sujets, a, b, c, etc. Il utilise alors les théorèmes de la logique modale en faisant interférer le savoir de l'un avec le savoir de l'autre. Mais ce savoir, en le limitant à une personne, est un système S4 tel que, pour untel, le savoir est devenu une nécessité personnalisée.

La logique épistémique est devenue l'espace du savoir, la structure régulatrice de toutes ses transactions, selon une méthode qui n'est pas basée sur le vrai et le faux, ce qui ne serait qu'un niveau sémantique.

Partons de ce fameux axiome 7, tel que le soutient le système S4 en logique modale :

$N\,\alpha \supset N\,(N\,\alpha)$

si quelque chose est nécessaire ce quelque chose est nécessairement nécessaire - et non pour des raisons événementielles.

Transférant le savoir en place de nécessité, Hintikka paraphrase

$Sa\,\alpha \supset Sa\,(Sa\,\alpha)$

Si a sait quelque chose, alors il ait qu'il le sait.

C'est la dimension autonotifiante du savoir, qui évidemment fait défi au savoir insu.

De plus nous pouvons utiliser la première règle, dite règle S : si quelqu'un sait quelque chose, ce quelque chose est forcément vrai, puisque vérifié dans ce monde-là.

Ainsi, s'il sait qu'il sait, c'est forcément vrai qu'il le sache.

$Sa\ (Sa\ \alpha) \supset Sa\ \alpha$

Mais si l'un implique l'autre et que l'autre implique l'un, nous avons une équivalence logique :

$Sa\ \alpha \sim Sa\ (Sa\ \alpha)$

savoir et savoir qu'on sait, c'est la même chose.

Que l'on soit ainsi en possession d'un savoir que par définition on sait savoir, et que par ailleurs tout ce qu'on sait soit vrai, et le savoir absolu s'impose vertigineusement. Il suffirait pour l'atteindre que l'on soit à tout instant logiquement consistant, c'est-à-dire à tout instant en possession de toutes les conséquences de son savoir. Et le savoir épistémique, régi par la règle forte du système S4, est un savoir mathématique médiat, de telle sorte qu'on doit, à un moment donné, connaître toutes les conséquences de son savoir.

Quittons ces aveuglantes clartés pour la clair-obscur de l'insu.

Posons le savoir insu dans le système S4 de Hintikka : on sait sans savoir qu'on ait, ce qui se formalise par une conjonction : on sait quelque chose et on ne sait pas qu'on le sait :

$Sa\ \alpha \wedge \neg\ Sa\ (Sa\ \alpha)$

L'ambivalence dont nous avons déjà parlé du terme savoir, ici de l'opérateur S, se retrouve écrite et soulignée par la parenthèse : libre de parenthèse, c'est le savoir épistémique, conscient et organisé, avec un sujet : a, un verbe : savoir, et un objet-complément : α. Dans la deuxième partie de la conjonction, l'objet de ce même savoir, posé nié, est le savoir lui-même : c'est ce savoir-là, ici pris comme objet de l'autre, qui est le savoir inconscient : le savoir insu.

Et bien, cette conjonction soutenant formellement l'existence du savoir insu est-elle consistante, est-elle valide ? Ou allons-nous devoir l'abandonner ?

Peut-on savoir et ne pas savoir qu'on sait ?

Sa α ∧ ¬ Sa (Sa α)

C'est une conjonction : elle n'est vraie que si les deux membres sont vrais. Et ne sera consistante que si aucune contradiction n'apparaît.

Développons le diagramme : est-ce vrai que l'on puisse savoir et ne pas savoir qu'on sait ? Le non savoir est la seule ouverture dans le réseau où se croisent les nécessités du savoir : la seule possibilité de variantes nouvelles (règle ¬ S). Si on ne sait pas quelque chose, la négation de ce quelque chose existe dans une variante épistémique.

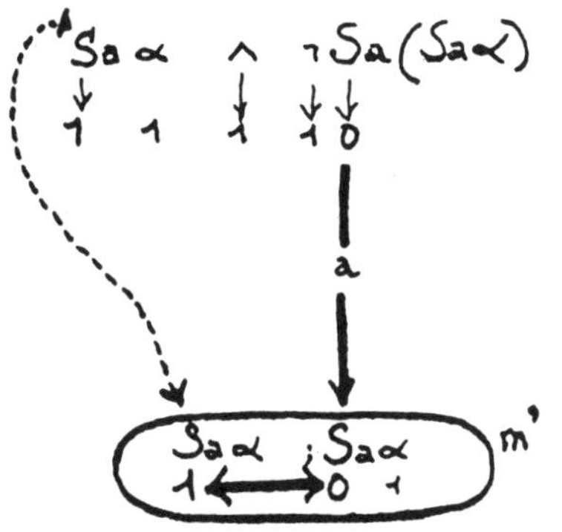

Ainsi, dans le monde m, il ne sait pas quelque chose : qu'il sait. Il y a donc pour lui, nommé a, une variante épistémique, m', où effectivement, il ne sait pas.

Mais, à cause de la fameuse transitivité introduite par Kripke, parce qu'il nous faut nous plier aux règles du système S4, le savoir du premier membre de la conjonction doit aussi être représenté dans cette variante : d'où la contradiction et par conséquent, l'inconsistance. Ca ne peut pas être vrai, donc c'est toujours faux.

Il n'est pas vrai que l'on puisse savoir sans savoir qu'on sait.

Le résultat est suffisamment décevant pour tenter le contre-diagramme, et contrôler s'il est faux que l'on puisse savoir sans savoir qu'on sait : nous posons faux le premier membre de la conjonction et développons le système formel : il y a bien une variante où il ne sait pas, mais, hélas, on ne trouve nulle part de contradictions, donc il est bien vrai que cette proposition soit fausse.

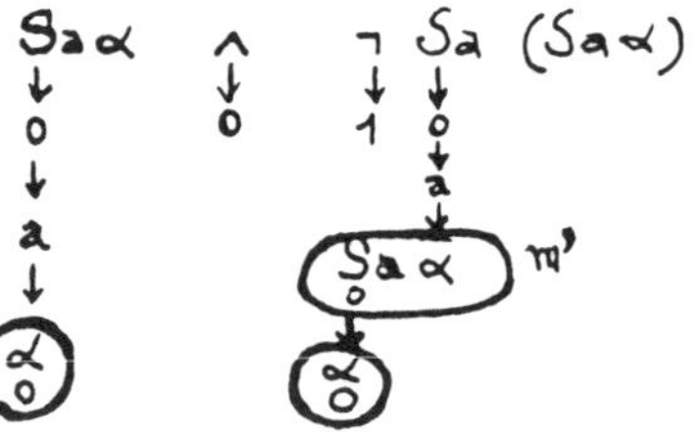

Ni consistant, ni valide, le savoir insu semble donc a priori rejeté par la logique épistémique qui renoncerait ainsi à tout ce qui pourrait être de l'ordre de ce que Hintikka indique de l'«introspection» pour n'accepter de considérer qu'un monde où «savoir sans savoir qu'on sait» est faux.

Peut-être, alors, ne pas savoir et savoir qu'on ne sait pas serait vrai ? Posons l'implication : si on ne sait pas, alors on sait qu'on ne sait pas.

Si on la suppose vraie, il y a contradiction - donc inconsistance.

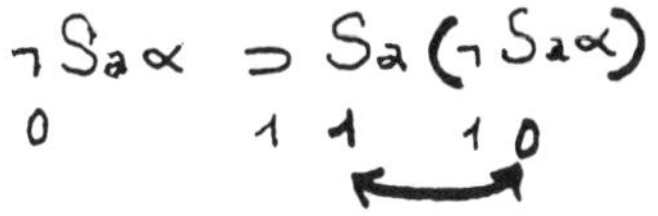

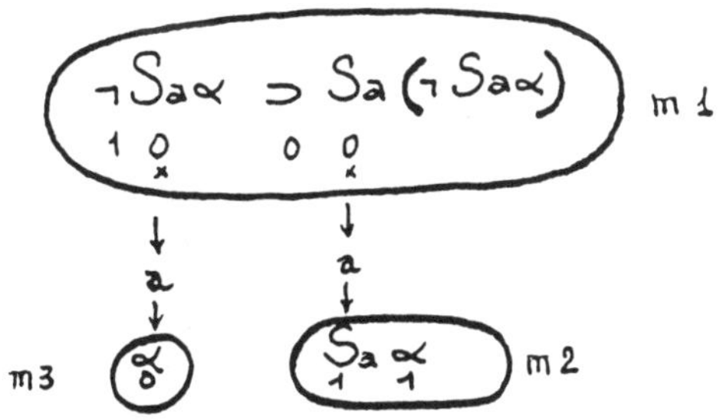

Si on la suppose fausse, le diagramme ne fait apparaître aucune contradiction : cette proposition n'est pas valide non plus : ce n'est pas parce qu'on ne sait pas qu'on sait ne pas le savoir.

De fait, il n'est pas dans la nature du savoir de se laisser appréhender comme faux, puisqu'il se targue d'emblée d'être autonotifiant. Hintikka n'a accordé qu'à Socrate le mérite d'avoir su qu'il ne savait pas.

Mais cette formule non-valide laisse apparaître quelque chose dont nous avons parlé au sujet du savoir su : si, dans le monde 1, il ne sait pas, par contre, dans le monde 2, il sait. Ce savoir-là n'est pas statique : d'un monde à l'autre, il peut en savoir, non seulement autant, mais davantage : ce savoir peut croître.

Qu'advient-il si, nous interrogeant sur les rapports de ces mondes où le savoir d'un même sujet peut croître, nous posions que la relation de renvoi est symétrique ? Que ce qui est envoyé d'un monde à l'autre revient au premier ? Kripke avait ouvert un champ immense par la dimension sémantique en ajoutant la transitivité au système T. En ajoutant la symétrie, allons-nous apporter un éclaircissement?

Ce que la symétrie de la relation nous apporte, c'est que la contradiction recherchée saute aux yeux : la proposition est valide dans ce nouveau système - le système B, qui comme T et S4 appartient à l'univers régi par la règle de nécessité.

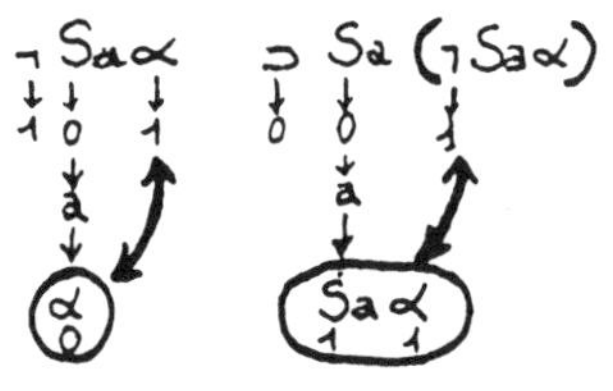

Ne pas savoir, et par conséquent savoir qu'on ne sait pas, devient valide si on fait la supposition que le savoir est immuable, statique et sans progrès possible.

Puisque les changements de systèmes apportent des résultats aussi imprévus, n'existerait-il pas un système où le savoir insu serait consistant, et à quel prix ?

Revoyons les règles classiquement appliquées et s'il y a moyen d'y apporter quelque légitime modification permettant une ouverture :

Règle S : Sa $\alpha \in$ m $\Longrightarrow$ $\alpha \in$ m

Si, dans un monde donné m, on sait quelque chose, ce quelque chose est vérifié dans ce monde - autrement dit, ce qu'on sait est forcément vrai.

Règle SS' : Sa $\alpha \in$ m et m' $\in$ e_a(m) $\Longrightarrow$ Sa $\alpha \in$ m'

Si on sait quelque chose dans un monde m, et si m' est une variante épistémique de m pour le même sujet, alors ce quelque chose qu'il sait en m, il le sait aussi en m'. Plus brièvement, c'est la transitivité. Le savoir est passé d'un monde à l'autre, transmis.

Ce qui est transmis d'un monde à l'autre, c'est Sa α, c'est-à-dire à la fois l'objet du savoir et le savoir lui-même qu'on en a, la capacité de savoir : plus, un savoir vérifiable. Il y a là la transmissibilité du «savoir que» où savoir et objet sont vérifiés, en opposition au «savoir si» où le savoir n'est pas contesté mais l'objet invérifiable, et en conséquence la transmission impossible.

Règle $\neg$ S : $\neg$ Sa $\alpha \in$ m $\Longrightarrow$ il existe m' $\in e_a$ (m) telle que $\neg \alpha \in$ m'

Si on ne sait pas quelque chose dans un monde m, la négation de ce quelque chose appartient à un monde m' qui est une variante épistémique pour le même sujet. Ce qui, au sujet du savoir insu, nous avait donné : si on ne sait pas qu'on sait, il y a effectivement un monde où on ne sait pas.

Voilà les trois règles sur lesquelles s'appuie la logique épistémique, et qu'on ne peut en rien changer : ce sont elles qui font que le système logique épistémique est formellement identique au S4 de la logique modale, à ceci près qu'une multiplicité de relations de renvoi s'y entrecroisent, puisque chaque individu a sa relation de renvoi.

Puisqu'on ne peut toucher à ces trois règles, pourquoi ne pas essayer une variante de S S', moins «forte», à peine citée :

Règle S' : Sa $\alpha \in$ m et m' $\in e_a$ (m) $\Longrightarrow \alpha \in$ m'

Si on sait quelque chose en m, il existe une situation m', variante épistémique de m pour le même sujet, où ce quelque chose est vérifié : s'il sait quelque chose en m, ce quelque chose existe aussi en m', - mais il ne le sait pas.

En passant du système de Hintikka S, SS', ⌉ S, à ce système moins «fort» S, S', ⌉ S, ce que nous avons luxé, c'est la transitivité portant sur le savoir : d'un monde épistémique à l'autre, il tombe dans une trappe. Il y a variation de savoir, mutation et non cumul linéaire - exactement ce que nous avons tout à l'heure avancé quant au savoir insu. Alors, peut-être est-il possible, dans ce système où le savoir est intransmissible, de savoir sans savoir qu'on sait ?

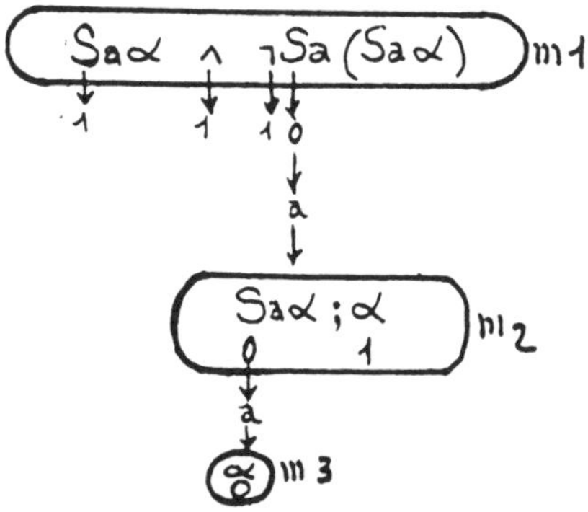

Effectivement, notre thèse qui jusqu'ici s'était épistémiquement avérée insoutenable est ici consistante. Dans le monde m^2, variante épistémique de m^1 ouverte par la négation de son savoir, effectivement, il ne sait pas. Et la contradiction ne peut pas apparaître, qui rendait la proposition inconsistante, puisque la transitivité ne nous contraint plus à confronter, dans ce monde m^2, le non-savoir qui s'y trouve légitimement au savoir transféré de m^1.

Dans le monde m^1, il sait, avec la valeur autonotifiante du savoir : c'est le niveau conscient.

Dans le monde 2, il ne sait pas, mais c'est : voilà l'insu.

Dans le monde 3, ce n'est pas.

Refusons au savoir de l'inconscient la voie performante de la transmission, et le voilà logiquement consistant.

Consistant dans un système sans transitivité : de S4, nous sommes revenus à T.

S4, T, nous avons tout à l'heure parlé de B où la symétrie de renvoi rend le pouvoir statique.

Il ne serait pas inutile de resituer des systèmes selon les cadres de syntaxe et de sémantique qui les régissent, afin de voir comment parmi eux se situent le savoir et ses avatars. Il nous faut pour cela repartir de l'origine de la logique épistémique, donc de la logique modale.

La logique modale envisage l'ensemble de tous les mondes possibles et les relations qui peuvent exister entre eux quant à la transmission de l'un à l'autre, et par quelle voie, du vrai et du faux, du possible et du nécessaire. Chacun de ces mondes, pour n'être pas inconsistant, c'est-à-dire pour que ses formules - ses discours - soient valides, doit se plier aux exigences d'un modèle. Le possible ouvre des mondes nouveaux, le nécessaire n'en ouvre pas, sauf s'il est faux.

Ainsi notre savoir, assimilé à une nécessité personnalisée, devra pour être valide se conformer à un modèle - S4 pour le savoir su, T pour le savoir insu - et il n'ouvrira de mondes nouveaux que s'il est nié.

Une trentaine de systèmes sont actuellement répertoriés, dont dix sont actuellement étudiés, et que nous répartissons en trois groupes.

L'origine de cette ségrégation est l'existence des mondes déviants : ces mondes, dont la désignation en terme de logique nous fait déjà ciller, sont les mondes où tout est possible et où rien n'est nécessaire, des mondes qui, issus chacun d'un autre monde dont ils sont l'extension, ne renvoient à aucun autre, même pas à eux-mêmes. Ce sont des mondes cul-de-sac, des mondes de fermeture, de butée, que les logiciens représentent par un double cercle, image d'un cocon vide. Les mondes de la psychose ?

Soit le groupe T-S4-B-S5 : syntaxiquement, il est régi par la règle de nécessité. Sémantiquement, cela revient à dire que toute thèse y est nécessaire : aucun monde déviant n'y peut figurer.

A T, modèle pour le savoir insu, Kripke a ajouté la transitivité : voilà le système S4, encore plus rigide, puisqu'au point de vue modal le nécessaire y est devenu nécessairement nécessaire - axiome 7 - et qu'au point de vue épistémique, le savoir y est devenu autonotifiant.

Si c'est la symétrie que nous ajoutons à T, le savoir ne peut subir aucune sorte de variation d'un monde épistémique à l'autre. Aucun progrès n'y est possible.

Dans S5, la relation de renvoi est à la fois symétrique et transitive, c'est-à-dire qu'elle a le statut de la relation d'équivalence : imaginons le savoir d'un ordinateur qui ne pourrait plus mémoriser d'informations nouvelles : un savoir identique à lui-même pour l'éternité, mais pour l'éternité parfaitement consistant, c'est-à-dire connaissant à chaque instant toutes les conséquences de son savoir.

Contrairement à ce groupe où nous avons déjà poussé nos investigations, le groupe S6, S7, S8 est incompatible avec la règle de nécessité : tout y est possible et rien n'y est nécessairement nécessaire.

Autrement dit, c'est le monde de la contingence où rien n'est nécessaire ni impossible :

$P\,\alpha \wedge \neg N\,\alpha$: c'est possible mais non nécessaire, ou plus éloquemment, en traduisant le non-nécessaire en possible :

$P\,\alpha \wedge P\,\neg\,\alpha$: c'est-à-dire, au plus près de la contradiction, c'est possible que ce soit possible, peut-être bien que oui, peut-être bien que non.

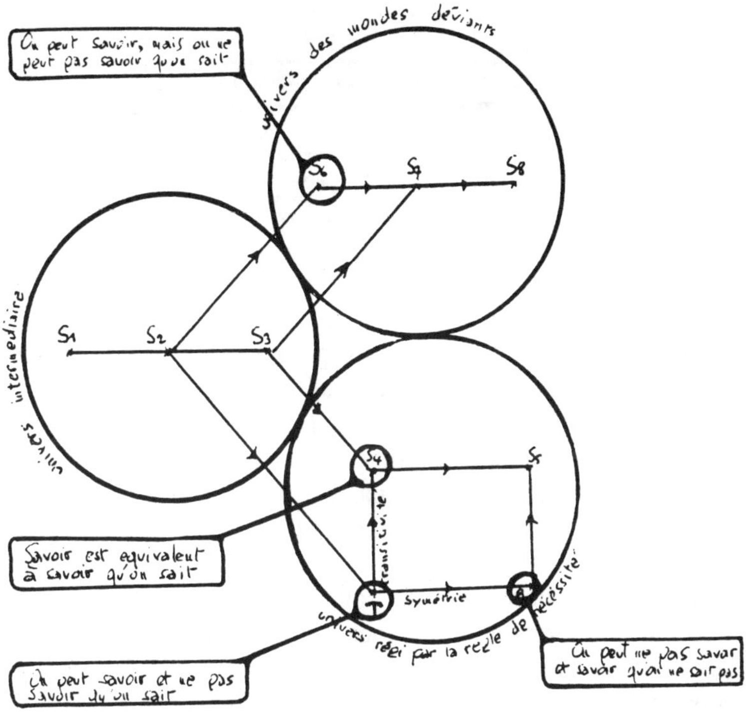

Sémantiquement, c'est le champ des mondes déviants : il doit y en avoir au moins un par formule valide.

Qu'advient-il du savoir dans cet univers que ne régit pas la règle de nécessité ? Savoir et nécessité ayant le même sort, on n'y peut figurer que des mondes où on ne peut rien savoir.

Soit l'exemple de ce monde S6 :

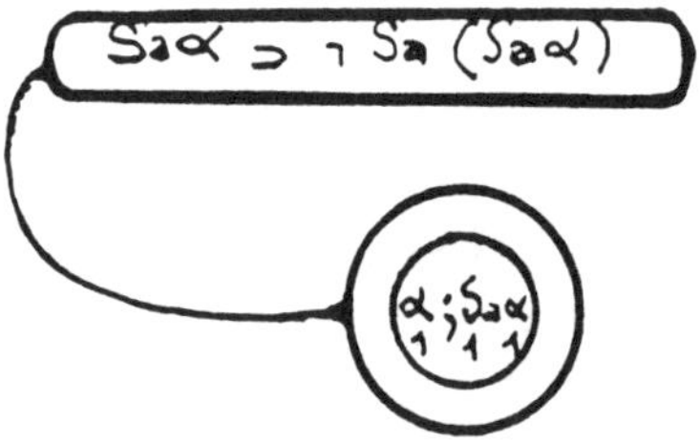

Si on sait, alors, on ne sait pas qu'on sait. Le monde déviant est inconsistant, donc la thèse est valide pour S6.

Ainsi, il suffit de poser qu'il existe au moins une situation où on ne sait rien (monde déviant) pour arriver à cette conclusion que quand on sait, on ne peut pas savoir qu'on sait. Les mondes décrits dans cet univers des mondes déviants ne sont pas compossibles.

Si nous imaginons un sujet coincé dans cet univers, il faudra, pour lui faire prendre conscience de son savoir, lui faire changer, non de savoir, mais de système logique : le faire passer d'un monde où, parce qu'il y a toujours une situation où il ne sait rien, il ne pourra jamais savoir qu'il sait (S6), à un monde où il pourra savoir, c'est-à-dire dans une logique sans mondes déviants. Dans l'univers des mondes déviants, où la syntaxe se définit de l'incompatibilité avec la règle de nécessité, le savoir ne sera jamais su.

Entre ces deux secteurs, la zone d'arrivée de S1, S2, S3, est encore non nettement polarisée : sa règle syntaxique est celle de la nécessité restreinte où tout est éventuellement possible ou nécessairement nécessaire.

Sémantiquement, il peut y avoir des mondes déviants. De cette zone dite neutre, on sort soit vers l'univers où tout est nécessairement nécessaire, soit vers celui où tout est éventuellement possible : lorsqu'il n'y a plus de nécessaire, lorsque le nécessaire est faux, alors nous tombons dans un monde déviant.

La folie serait l'univers de la contingence, l'incompatibilité avec la règle de nécessité, règle qui régit aussi bien le savoir su que le savoir insu, à la transitivité près.

Trois univers dans la logique du savoir, avons-nous vu, trois dimensions. Cette trinité fait penser à d'autres, en particulier à celle que Lacan désigne des trois dit-mensions.

L'univers de la nécessité, celui qui nous a le plus retenu puisque savoir su et savoir insu y sont logiquement compatibles, est celui où le nécessaire ne cesse pas de s'écrire. S'il cesse de s'écrire, c'est que cet univers s'effondre et qu'apparaît la bulle vide d'un monde déviant - comme dans notre champ symbolique où, s'il y a forclusion, c'est un monde de psychose qui éclôt.

L'univers incompatible avec la nécessité, où le savoir ne peut exister qu'à condition de n'être pas su, celui de la contingence, du peut-être bien que oui et peut-être bien que non est celui où toute idée, la plus sage comme la plus insensée, peut prendre naissance : c'est le domaine de la folle du logis - bref, de l'imaginaire.

Quant au troisième univers, celui dit intermédiaire, c'est celui où se fait le triage, celui de l'involontaire choix, de l'irrémédiable décision. C'est à la fois celui qui fait trou, - trou à désigner la vie - et nouage : à se distribuer à l'un et à l'autre, il les noue ensemble. On le voit tout à fait tenant lieu du réel, séparé de l'imaginaire par une marge d'angoisse et du symbolique par l'espace des symptômes.

Ce rapprochement de la triade logique avec la triade lacanienne nous engage à penser la logique - science du réel - comme un essai à imaginer une symbolisation du réel.

Au problème plus étroit que nous lui avons soumis, elle ne nous a permis que de consolider des observations de type clinique sur les différences structurales entre savoir su et savoir insu, la transitivité faisant pivot - transitivité, d'où transmission et accumulation de savoir.

Mais l'important est cette différence d'état entre insu et su. Car que fait-on, dans le déroulement d'une analyse, si ce n'est de faire parcourir au savoir un changement d'état ? Du noyau de l'insu une écharde se détache, qui devient sue, transmissible : à partir de cette écharde, on peut écrire un livre, et nos bibliothèques sont pleines d'échardes.

Mais, pour reprendre le paradoxe de Zenon, précisons que ce n'est qu'une fraction qui devient sue, infime. Que ces fractions infimes sont épistémiques et se peuvent ajouter : un savoir considérable peut ainsi s'accumuler sur l'inconscient - s'accumuler et se transmettre. Mais, de fractions en fractions, la rencontre va demeurer impossible entre le savoir insu de l'inconscient et la somme des fractions qui seront devenues sues et transmissibles.

De cet inconscient créé par le langage - à son image - un noyau demeurera insu, aussi soigneusement, et longuement, qu'on ait tenter de le peler. Et le seul savoir qu'on en puisse avoir et transmettre, c'est qu'il s'agit d'un diamant noir, infractionnable, atomique, et qu'on ne peut que compter avec. Mise à part, peut-être, la célèbre princesse au petit pois, personne ne peut le localiser, parmi ceux-mêmes qui n'en dénient pas l'existence.

Penser, selon Hintikka, était déjà un dialogue - une pensée peut être inconsistante, puisque déjà elle est censurable, déjà sujet à controverse.

Est-ce la présence de celui qui écoute, à qui est attribuée la censure ou la controverse puisqu'il est censé savoir, est-ce cette présence qui établit la transitivité ? Puisqu'à trois commence la transitivité, comme la répétition. Est-ce ce troisième qui va contraindre l'inconscient à sortir de sa réserve et à dire «Je» ?

Au mathématicien d'apporter maintenant son étude sur la transitivité, au logicien de préciser un système logique à double modalité, le savoir insu devant être représenté par un nouveau facteur le différenciant du S de la logique épistémique : il y supportera la suppression du «J» et les surprenantes modifications, en particulier au niveau des négations, de ce nouveau système.

Pour nous analystes, il reste toujours l'écoute de l'insu, le sien comme celui des autres, l'attention aux productions artistiques, et la tentative de transmettre le su qui nous est ainsi transmis.

III

SON ROLE ORIGINAIRE DANS L'INTERPRETATION ANALYTIQUE

DES INTERPRETATIONS A L'INTERPRETATION, ET DES INTERPRETES A L'ANALYSTE

> «Qui donc verra que ma proposition se forme du modèle du trait d'esprit, du rôle de la dritte Person ?»
>
> Lacan, Discours à l'E.F.P., le 6-12-67.

Ce sont les termes de traduction et d'explication que Larousse et Littré apportent pour éclairer celui d'interprétation. Traduction d'une langue dans une autre, voilà un exemple d'interprétation précisé par Littré : un traducteur est donc un interprète. Quant à son autre exemple de traduction complétée d'une explication, il fait aussi de toute herméneutique une interprétation.

Quel chemin parcourir pour envisager l'interprétation analytique, celle qui nous concerne et nous spécifie dans notre statut d'analyste, sans tomber d'emblée dans l'ambiguïté interprétation-traduction qui conduit à l'idée de trahison, puisque «traduttore, traditore» ? L'interprétation peut-elle ne pas trahir, l'interprétation analytique tout particulièrement ne trahit-elle pas ? C'est avec agacement que l'analyste a envie de répondre de toute l'énergie de son impuissance : mais ce n'est pas la même chose ! Voire. L'analyste n'est pas le premier interprète - l'être parlant a interprété dès son avènement au symbolique, les sculptures et les peintures préhistoriques en attestent - mais il est le premier, pour les raisons historiques que l'on sait, à tenter l'interprétation du discours de l'inconscient : c'est là sa spécificité.

Dès qu'on parle du domaine de l'inconscient, la dichotomie qui avait ces dernières années conduit notre travail sur la transmission réapparaît : distinction entre le domaine du savoir qui se sait savoir et celui du savoir de l'inconscient qui ne se sait pas savoir.

Le premier, nous l'avons vu, était cumulable et transmissible grâce à la transitivité. Le second, le savoir de l'inconscient, privé de ce privilège de la transitivité, n'était ni cumulable, ni transmissible. Non qu'il ait été condamné à l'immobilisme, nous avons montré qu'il variait en se transformant, que d'un certain savoir il devenait un autre savoir, et ce justement par l'impact de l'interprétation analytique.

Ainsi, l'interprétation que nous avons vue dans ses définitions liées à la traduction se retrouve attachée à la transmission qui est un de ses effets : traduction et interprétation ne sont de fait que des formes de transmission. C'est qu'une référence leur est commune : chacune d'elles - transmission, traduction, interprétation - s'applique à un dire, un écrit, un inscrit antérieur. L'enseignant qui transmet, le traducteur, l'interprète se trouvent chacun en position d'intermédiaire entre un dit, un écrit, un inscrit antérieur dont il n'est pas l'auteur et qu'il se doit de transmettre, traduire, interpréter pour d'autres. Mais un dit, un écrit antérieur - et d'un autre - se trouve du point de vue logique soumis à la rigueur du contexte opaque, c'est-à-dire contraint, sous peine d'inconsistance logique, à l'interdit de toute substitution. Pour que transmission, traduction, interprétation soient logiquement consistantes - que ce soit discours, que ce soit écrit d'un autre, et que ce soit sous forme de citation ou de discours indirect - il faut qu'aucune substitution, donc aucune métaphore n'ait trouvé place.

Il y a pourtant des degrés du médiocre au pire dans ce respect de la règle logique, et ce sont ces degrés qui vont nous permettre de situer transmission, traduction et interprétation : chacune d'elles marque une étape sur une voie qui mène à la créativité, celle-ci étant inversement proportionnelle au respect de la non-substitution de la règle logique du contexte opaque. Cet interdit de substitution pose la réglementation logique comme gardienne de l'identité de l'objet à transmettre, traduire, interpréter. Elle garantit la perpétuation et oblitère toute créativité, c'est-à-dire tout surgissement - tout surgissement de sens nouveau, dont on sait déjà qu'il est effet de la métaphore, donc d'une substitution langagière.

Transmission, traduction et interprétation sont les trois degrés de transgression de cette règle de non-substitution, allant de la transmission s'efforçant de respecter l'identité de l'objet à transmettre jusqu'à l'interprétation créatrice parfois d'un objet totalement différent de l'objet proposé à l'interprétation, chacune de ces étapes variant dans sa propre discipline vis-à-vis de l'interdit stérilisant.

La transmission se doit de ne se permettre aucune substitution : que l'enseignant transmette le savoir qu'il a lui-même reçu d'un autre, dans sa totalité et son intégrité. C'était le rêve d'un Ferenczi, dans sa passion d'enseigner, mais qui ne se soutient que de la dénégation du désir de l'enseignant. C'est pourtant dans ce champ de l'enseignement que l'on peut poser le point zéro, mythique, de ce trajet qui, de transgression en transgression conduit de la réduplication logiquement consistante vers la créativité : l'exemple en est de la table de multiplication, enseignement où la rigidité de l'objet à transmettre se moule sur la rigidité de la règle de transmission. Mais plus l'enseignant se réfère à un savoir souple et complexe, plus il s'implique lui-même dans son mode de transmission, plus il fait intervenir ses propres choix. Plus il transgresse la règle de non-substitution et plus il devient créateur d'un objet différent de celui dont il a originé son travail : il glisse vers l'interprétation.

Entre les deux, nous pouvons situer le traducteur, armé contre les substitutions par ses dictionnaires et ses lexiques. Il se trouve, lui aussi, dans la position d'intermédiaire, mais, selon l'étude de Jean Amsler, traducteur, il est de plus le seul à connaître les deux textes : le texte originaire, dont il est lecteur et critique, puisqu'il en connaît la langue, et le texte obtenu dont il se considère comme co-auteur. S'il est co-auteur du texte obtenu, c'est bien qu'il y a texte nouveau : texte nouveau, création - création, trahison.

L'interprétation, forme de traduction selon Littré, va encore plus loin dans la créativité, puisqu'elle n'est même pas limitée par le code d'un dictionnaire. Entièrement soutenue par le désir de l'interprète, c'est une traduction qui n'a aucun souci de la règle de non-substitution, l'objet résultant étant toujours autre que l'objet proposé. Une pomme de Cézanne n'est pas une pomme de Chardin, autrement dit une pomme devient un signifiant, mais ceci est une autre histoire.

Avant de nous aventurer chez les interprètes et leurs interprétations, que soient désignés les points d'appui à ne pas perdre pendant ce cheminement :

- la notion de choix est le point pivot, séparant le traducteur du dictionnaire comme l'historien du documentaliste. Dans la préface de son «Histoire culturelle de l'Allemagne des années 20», Walter Laqueur s'inquiète de ne pouvoir tout traiter, et avec toute la précision voulue : «On ne peut échapper au problème du choix» écrit-il. En effet, on ne peut échapper au choix qui est un effet du désir, et qui dit désir introduit l'idée d'inconscient ;

- la substitution est aussi essentielle que le choix qu'elle conclut. Mais qui dit substitution renvoie aux règles logiques qui la gouvernent - et en particulier au contexte opaque qui la rejette ;

- ce contexte opaque est pourtant celui qui concerne l'interprète puisque la forme de citation ou de discours indirect, c'est bien lui le discours de l'autre dont il s'agit ;

- la métaphore est la forme langagière de la substitution, donc nécessaire à l'interprétation du dire de l'inconscient dont elle est une formation ;

- ce qui nous fait enfin déboucher sur l'interprétation de l'analyste : au jeu de rébus - métaphore et métonymie - par lequel s'exprime l'inconscient de l'analysant, ce sera par un jeu de métaphore et de métonymie que répondra l'analyste, c'est-à-dire par une réponse structurée sur le modèle du trait d'esprit.

Ce sera là la particularité de cette interprétation particulière : à une formation de l'inconscient de l'un, c'est par une formation de l'inconscient que l'autre, quoiqu'il en ait, va répondre. C'est là aussi que se différencient clairement les deux champs de savoir dont il a été question : au savoir su, la réponse rationalisante, voire éducative, et au savoir insu la réponse imprévisible du savoir insu, sous la forme de formation de l'inconscient : à la fois raccourci et ouverture, le mot d'esprit déplace la question en la dépassant.

Au terme de notre quête, nous verrons que l'interprétation de l'analyste se situe entre ces 2 pôles que sont ses rapports avec l'opacité logique et le mot d'esprit.

I. LE MUSICIEN, LE POLYGLOTTE, L'ERUDIT

Revenons aux interprètes et aux interprétations :

Considérons un musicien face à l'écrit que représente la partition posée sur le pupitre. Rien de cette partition ne peut être modifié : pas la moindre substitution, pas la moindre condensation, pas la moindre élision. L'interprétation d'un texte où rien n'est substituable est logiquement insoutenable. Ici, la note jouée a un référent qui est la note écrite, or le référent étant le sens d'un contexte opaque, changer quelque chose de la partition c'est en changer le sens : celui qui joue faux trahit. La partition dans sa rigidité garantit l'identité de l'oeuvre du musicien en tant qu'objet, elle permet la transmission en soutenant la structure opaque de la citation.

Pourtant, il n'est que d'écouter sur France-Musique l'émission d'Armand Panigel et la prolixité des commentateurs. Chaque version proposée aux auditeurs est de bonne qualité, c'est-à-dire fidèle à la partition. On ne peut dire que l'une soit meilleure que l'autre, mais on peut préférer l'une à l'autre : préférer, c'est-à-dire choisir. Comme a été choisie la formation orchestrale, comme ont été choisis les solistes : les choix présidant à la réalisation de l'oeuvre écrite et partant respectée induisent des morceaux différents entre lesquels on est en droit de choisir. L'important est qu'au-delà du respect de la partition, des choix non codifiés, non inscriptibles, non transmissibles puisque propres au désir de l'interprète font que la même partition origine des réalisations dissemblables qui se proposent au choix des auditeurs.

Envisageons l'activité d'un autre interprète, le polyglotte traducteur. De l'écrit considéré dans sa langue originale - qui n'a aucun sens pour qui ne la connaît pas -, il fait un écrit nouveau qui n'a pas forcément un sens pour tout le monde, puisque d'aucuns, peut-être, n'y comprendront rien, mais dont le sens devient accessible à celui qui aurait compris l'original si sa langue maternelle avait été celle de l'auteur.

Là aussi on retrouve le problème de la transmissibilité par l'écrit, là aussi on retrouve la structure du contexte opaque où toute substitution est impossible sans modification du sens.

A la note codée sur la partition musicale, une seule correspondance admissible : un son dont la fréquence de vibrations est fixée. C'est par ce moyen que la partition garantit l'identité de l'objet à interpréter. Au mot de la langue étrangère, une seule correspondance admissible : le mot correspondant du dictionnaire, voilà la garantie proposée dans ce cas. Mais au-delà du dictionnaire, à côté, il y a les synonymes, les allusions, les circonlocutions dont le choix n'est pas codifié. La traduction ne se fait pas en remplaçant un mot par son correspondant du dictionnaire, comme le ferait une bijection d'un ensemble de mots sur un autre ensemble de mots. La substitution à faire d'un mot d'une langue par un mot d'une autre langue est une substitution hétéronyme, mais ce doit être et rester ce type de substitution : à aucun prix la substitution ne doit prendre la forme d'une métaphore, puisque la métaphore est ouverture à un sens différent : et le sens différent est bien la trahison qu'à chaque mot risque la traduction.

Il est de fait que l'interprétation de l'écrit d'un autre - donc d'un contexte opaque - donne autant de résultats différents qu'il y a eu d'interprètes à la tenter. Entre le texte original - unique - et le répertoire des mots - invariable -, on reçoit autant de traductions différentes qu'il y a eu de traducteurs, d'interprètes, d'intermédiaires, peut-on dire d'intersubjectivité ? C'est par la possibilité du choix que sont renversés l'unique et l'invariable, par ce choix de chacun, rigidement déterminé par le désir. Entre l'unique du texte original et l'invariable du répertoire des mots vient régner le désir de l'interprète : sous sa férule, la rigueur logique du contexte opaque est transgressée, des substitutions deviennent métaphores, donc des sens nouveaux peuvent surgir - mais à partir du texte original, hors le désir de l'auteur.

Autrement dit : désir donc choix, choix donc substitution dans un contexte opaque, substitution dans un contexte opaque donc inconsistance et trahison : il ne s'agit plus là d'une traduction mais d'une interprétation, c'est-à-dire que l'empreinte du désir de l'interprète, au-delà de sa trahison, a fait surgir une création.

L'érudit, quant à lui, ne fait pas non plus que «traduire» les textes, sacrés, religieux ou ésotériques. Ses commentaires donnent l'explication de où est caché le sens préexistant dans le texte et de comment l'en extraire. Explication qui laisse la place à un autre sens que d'autres explications et d'autres commentaires feront apparaître. L'interprétation des textes a pour but d'extraire le et les sens qui y ont été à l'origine inclus, tout comme le dévoilement de l'inconscient fait apparaître un feuilleté de souvenirs refoulés. La multiplicité des interprétations auxquelles peut donner lieu un même texte ne serait effet que de sa richesse, alors que ce qui vient consigner la trace du désir de chaque interprète, c'est l'émergence des interprétations divergentes ou même contradictoires. Elles sont alors défendues hardiment, âprement par leurs auteurs, susceptibles d'aller jusqu'à y jouer leur réputation et leur vie.

Nous pouvons prendre l'exemple de deux célèbres interprètes des Ecritures Saintes, contemporains et voisins dans ce

XIIe siècle d'où nous parviennent de savoureuses chroniques : Bernard le Saint, à Clairvaux, et Abélard le ratiocineur dans son Paraclet. Saint Bernard, décrit par un commentateur «de naturel bilieux, solitaire et mélancolique» représentait le parti conservateur de la théologie. Il n'avait qu'en piètre estime le savoir des hommes et l'usage qu'ils en faisaient :

> *«Il en est qui veulent savoir à seule fin de savoir : c'est là curiosité honteuse. Il en est qui veulent savoir pour être connus : honteuse vanité... Mais il en est qui veulent savoir pour édifier et c'est charité. Et encore, qui veulent savoir pour s'édifier, ce qui est prudence.»*

Sa vie tout entière ascétique et sévère - on l'a aussi qualifié en son temps de «véhément et zéleux» - a été consacrée à la recherche de l'union de l'âme à Dieu, son oeuvre restant de théologie mystique. A reconsidérer sa citation, il se range, de ceux qui veulent savoir, dans les deux derniers exemples.

Tout différent, et dans un même temps, Abélard, appelé aussi l'Universel parce qu'il savait tout et le Péripatéticien parce qu'il était toujours en cavale, a cherché à dégager les lois de l'interprétation des textes, en cela plus philosophe que mystique. Il s'est passionné pour la logique, l'étymologie et la théorie de la signification : il affirmait que les mêmes termes employés par des auteurs différents pouvaient signifier des choses différentes. Bien loin des arguments de la foi, il a cherché à interpréter le dogme par une formulation logique et traiter dialectiquement les énoncés de la foi avec une habileté telle qu'il lui a été interdit de se défendre par la parole lorsqu'il s'est trouvé mis en accusation.

Dialectique brillante d'un côté, foi mystique de l'autre - Abélard, de ceux qui veulent savoir serait plutôt dans l'exemple des deux premiers -, les interprétations de chacun au sujet d'un même texte, ici en particulier ceux concernant les mystères de la Sainte Trinité, ne pouvaient qu'être différents, voire contradictoires. Et le conflit s'est élevé au drame lorsque Saint Bernard, avec zèle et véhémence, en a appelé au pape lui-même dans son *Epistola ad papam Innocientium* pour dénoncer les déraisonnements d'Abélard : *nunc in Scripturis sacris insanit.* Deux interprètes se faisant la guerre au sujet d'une interprétation ! Abélard se défendait à tout va : Je suis chrétien, c'est là ma gloire. C'était vrai, mais il voulait que sa gloire, à lui Pierre, soit grande au service de Dieu.

Et c'est bien là que se situe la différence de structure entre ces deux interprètes, différence qui surdétermine leur motivation différente et leur différent désir : c'est qu'Abélard, châtré dans le réel, ne s'approche guère de la castration symbolique où Bernard, par contre, semble bien avoir accédé.

II. L'ACTEUR

Considérons maintenant un autre domaine de l'interprétation, plus aimable puisque voué non plus au savoir et son intransigeance mais au plaisir : quel est le travail d'acteur, celui qu'on appelle tout simplement un interprète ? C'est de «dire» au public un texte écrit par un autre, par un auteur dont il a appris l'écrit «par coeur», c'est-à-dire qu'il doit pouvoir être capable de le dire comme si ce texte sortait de son propre coeur. Ce n'est pas là un discours indirect mais une longue citation impliquant par définition le contexte opaque et son interdit de substitution.

Partant du respect de cette règle, à savoir d'un acteur connaissant parfaitement son rôle et ne substituant à aucun moment un mot écrit de l'auteur par un autre, même synonymique, l'interprétation d'un acteur devrait être sans trahison, c'est-à-dire toujours exactement la même : celle qu'en aurait donné l'auteur lui-même. Mais, et c'est bien ce qui fait le plaisir de l'amateur de théâtre, il y a autant d'interprétations différentes qu'il y a d'interprètes - d'interprètes consciencieux, donc fidèles. N'entrent pas plus en compte ceux qui improvisent parce qu'ils ne savent pas leur texte - ce qui peut être un talent, mais un autre - que ceux qui, par incompétence ou maladresse, jouent une fausse note malgré la partition. C'est que le texte, respecté, passe par le filtre du choix de l'acteur dans ses effets : autant d'interprètes, autant de choix, dans cette discipline comme dans les autres.

L'interprète donne vie à un personnage choisi et désigné par l'auteur. Il donne vie, c'est-à-dire qu'il les nantit d'un désir - le sien, forcément -. Pirandello a été jusqu'à mettre en scène l'angoisse de ces personnages «en quête d'auteur» - donc en quête du désir de l'auteur. La seule interprétation fidèle serait donc celle où le désir de l'un et le désir de l'autre - auteur et acteur - coïncideraient. Hélas, s'il est vrai que l'on ait un Sacha Guitry de temps en temps, les Shakespeare et les Molière ne font pas école puisque le génie, comme nous l'avons vu*, n'est pas transmissible. Ce génie qui est - au-delà de l'interprétation, de l'explication, de la traduction - de pouvoir créer, créer ce que d'autres traduiront, expliqueront, interprèteront.

Cette coïncidence de désir de l'auteur avec celui de l'interprète a préoccupé des hommes de théâtre qui se sont interrogés sur leur métier. Et de même que nous avons évoqué nos deux érudits du XIIe siècle divergeant - et sur leur conception de l'interprétation des textes sacrés et sur les interprétations qui en ont résulté, - de même nous pouvons voir deux hommes de théâtre contemporains arriver eux aussi à des conceptions diamétralement opposées quant aux moyens à mettre en oeuvre pour obtenir une interprétation pleinement satisfaisante.

Louis Jouvet enseignait à ses élèves que l'interprète, l'acteur, n'est rien d'autre que le vecteur entre l'auteur et le public. Ses propres problèmes, ses propres sentiments - nous dirions son désir propre - n'intéressent personne et ne sont pas en cause. Il n'a pas à créer un personnage, l'auteur s'en est déjà occupé. Son rôle n'est que de le représenter, tout vif, tout ému, pour le donner à entendre. Pour le retrouver, ce fruit d'un autre, l'interprète se doit d'abord de supprimer tous ceux qu'il aurait

* Cf. *Su et insu.*

aimé s'offrir à lui-même. Et pour cela, supprimer tout sentiment au profit du texte : c'est lui, ce sont les mots écrits qui seuls importent. «Il faut partir de l'écriture, d'abord» disait Jouvet et «Jouer une scène, c'est d'abord la dire». Donc savoir son texte plus que par coeur et le dire avec une diction parfaite : que chaque mot passe, et chaque «e» muet. C'est ce dire sûr de lui, parfaitement entendu - la diction - que Jouvet compare à une excellente mécanique entraînant d'elle-même la résurgence du sentiment de l'auteur - à condition que la voie n'en soit pas encombrée par un sentiment de l'acteur : «Tu détruis le sentiment juste, parce que tu apportes un sentiment préalable qui s'installe à la place de celui de l'auteur». C'est le langage lui-même qui fait ressurgir, par son exactitude, l'exactitude du sentiment de l'auteur - nous pouvons dire son désir - sentiment que l'acteur perçoit alors, dans l'après-coup, et qu'il se doit de soutenir. Donc pour Jouvet, l'important n'est que la diction, non le sentiment spontané qui ne peut être que celui de l'acteur : bien dire, et laisser venir le sentiment de l'autre.

Tout opposé est le point de vue d'un autre interprète, lui aussi chef d'école, à la même époque : pour Gaston Baty, les mots ne venaient que secondairement dans l'incarnation d'un personnage, l'essentiel était de trouver le ton. L'air est essentiel, non les paroles (on sait à quel point c'est faux pour la table de multiplication). Qu'il s'agisse des déchirements de Bérénice, des naïvetés d'Agnès ou des perfidies du chat de La Fontaine, qu'il s'agisse d'alexandrins majestueux ou de prose légère, l'essentiel doit rester l'air, le ton sur lequel les paroles, quelqu'elles soient, s'écoulent. Qu'importe ce qui est dit, si ce n'est pas dit «juste». Alors, puisque l'alexandrin précieux est soutenu d'un artifice, et qu'il est paradoxal de parler naturellement, «juste», en tronçons de douze pieds, Baty, à l'opposé de Jouvet, faisait à ses élèves supprimer les paroles pour ne se préoccuper que du ton : qu'importait que les vers de Racine soient remplacés par le langage trivial de l'argot ou même un tralalatralalaire, si le ton y était bien celui de la passion. Sans l'obstacle du texte de l'auteur, le sentiment de l'acteur pouvait déferler.

Pour nous résumer, on peut dire que ce qui comptait pour Jouvet c'était le désir de l'auteur, l'interprète n'étant là que pour le servir, et ce avec d'autant plus d'efficacité qu'il ne tenait aucun compte du sien. Alors que pour Baty l'écrit de l'auteur n'était que le rail par où devait s'écouler un sentiment vrai parce que vraisemblable, juste parce que justifié par la nature humaine que représente l'être de l'acteur : le texte y est bien le support d'un désir, mais de celui de l'acteur.

Avec le recul du temps, si les réflexions de Jouvet sur le métier d'interprète nous paraissent plus en accord avec la conception plus générale d'interprétation - et en particulier avec celle que peut s'en faire un analyste -, la réussite n'a été complète ni pour l'une ni pour l'autre de ces positions opposées. Jouvet n'a jamais joué que du Jouvet - faites ce que je dis, ne faites pas ce que je fais, c'est un aléa de l'enseignement - le public n'allait voir et entendre que Jouvet, que l'auteur qu'il ait servi ait été classique ou moderne, Russe ou Anglais. Quant au Racine ou au Molière clarifié, simplifié et vivifié par l'école de Baty, ils se rapprochaient d'autant plus de la quotidienneté qu'ils perdaient la poésie qui les avait portés jusqu'à nous : la vraisemblance aux dépens de la poésie.

Sont donc bien à cliver le désir de l'auteur porté par les mots qu'il a écrits, le désir de l'acteur porté par le ton dont il les dit. Pour Jouvet, le ton juste ne peut être spontané, mais secondaire au texte qui le recrée, alors que pour Baty seul le ton compte, le désir de l'auteur - le texte - n'étant que prétexte au spectacle donné. Pour l'un l'interprète se doit de recréer par la fidélité au texte l'oeuvre préexistante, pour l'autre, l'oeuvre préexistante est l'argument d'un spectacle où le jeu de l'acteur est essentiel.

Les mots, le ton : n'est-il pas curieux que nous retrouvions là un propos de cet Abélard dont nous avons parlé tout à l'heure. Dans sa réfutation logique du réalisme, Abélard a conclu qu'il fallait désigner de «*vox*» l'émission de voix et de «*sermo*» le mot signifiant, le seul objet qui intéresse le logicien étant le «*sermo*». Dès lors, au sujet de l'interprétation théâtrale du texte et du ton, nous voyons que c'est en effet sur le texte que s'applique la logique, que c'est ce «*sermo*» qui ne doit être l'objet d'aucune substitution pour assurer, avec la consistance logique, la fidélité à l'auteur. Mais qu'au-delà de lui, pourtant, c'est par la *vox*, non considérée par le logicien, que peut passer un peu, pas du tout ou passionnément le texte de l'auteur.

Le chanteur lyrique est l'interprète dont *vox-voces* est l'outil. Tout fidèle qu'il soit tant au «*sermo*» qu'à la partition, c'est la qualité de sa voix, l'attention extrême portée à ses modulations qui feront vivre le désir supposé du personnage, donc le désir sous-jacent de l'auteur. Qu'un chanteur domine toutes ces difficultés et nous avons Chaliapine avec la splendeur, Mary Robin et la fraîcheur de ses vocalises, la Callas et l'émotion dramatique.

III. LE PHOTOGRAPHE, LE PEINTRE

Pour aborder le problème de l'interprétation par l'image, la photographie est à envisager, si répandue qu'elle est un bien de consommation bien plus souvent qu'elle n'est un art.

Si la photographie était une interprétation purement physique et chimique - si l'appareil seul était l'interprète - on retrouverait la bijection entre les points de lumière visés et les points révélés sur le film : les lois de l'optique et la chimie des pellicules sont rigides : voyez les résultats d'un photomaton mû par un automatisme privé de tout choix : l'image qu'il nous donne à voir est tellement insupportable qu'il nous faut bien convenir que c'est un bout de réel qui est là proposé à notre répugnance. Du réel, et rien d'une création humaine, rien de symbolique dans sa forme ni d'imaginaire dans son origine. Mais le photographe, lui, l'interprète, apprend à manipuler à son choix et l'optique et la chimie qui vont devenir les instruments intermédiaires à son choix : il choisit l'intensité et l'angle de la lumière, le cadrage - c'est-à-dire les rapports des objets entre eux -, le temps de l'exposition et les modalités de la chimie des révélateurs. Il choisit - donc il substitue, donc il trahit, donc il interprète : donc il crée. C'est bien d'une création qui lui est propre qu'il s'agit, puisque d'une part l'image qu'il peut donner à voir est différente du modèle visé, et que d'autre part chaque interprète muni de l'appareil de son choix donnera du même modèle une image différente.

Le peintre, lui, n'a aucun code pour interpréter : ni dictionnaire, ni fréquences de vibrations, ni chimie d'oxydation des sels. Pourtant c'est bien un tenant lieu d'inscription qu'il a à interpréter, puisque c'est projeter en deux dimensions sur le champ de son imaginaire, avant la mise à plat sur la toile, soit une image de son environnement, soit un visage humain où la vie a écrit sa trace, soit une construction phantasmatique. Il n'a aucune contrainte extérieure dans le choix de ses moyens d'expression, hors ceux, vite dominés, de la matière, c'est-à-dire du métier, du savoir-faire.

Jean Renoir, cinéaste et fils d'Auguste, a été jusqu'à dire que ce qui faisait du peintre un véritable philosophe, c'était la pauvreté des moyens mis à sa disposition. Lui qui a eu la possibilité de monter des films à Hollywood avec des moyens grandioses jugeait que son père, avec seulement sa toile et ses pinceaux, était beaucoup plus libre de pouvoir aller beaucoup plus loin dans l'interprétation. Avec ce pinceau, disait-il, mon père faisait un petit trou, et dans ce trou il creusait, il creusait. Il jugeait de plus que bien peu de films, malgré l'image, le mouvement, les acteurs, avaient tenté, comme son père avec son pinceau, de creuser. Creuser vers la vérité ? vers le réel ?

La toile vierge ne conditionne rien : elle laisse le champ libre à la vérité qui doit la remplir toute.

Lorsque le peintre tend la main et vient d'une seule marque détruire ce vide qui s'offre à lui, il est entièrement surdéterminé par cette contrainte antérieure qui déjà a valeur postérieure de signature, qui conditionne son choix et le désigne entre tous : son désir.

Il ne saurait rien peindre que lui-même, puisque le vocabulaire dont il dispose est celui-là même qui le constitue, sa propre chaîne signifiante : c'est là son code, un code personnel.

Dans ce qui lui est proposé à interpréter, il choisit tel équivalent signifiant entre tous, lequel conditionne le suivant, qui conditionne le suivant selon une concaténation rigide : car si le trait, la tache, la couleur choisie dans l'innombrable traduit la surdétermination qui l'assujettit, par contre le rapport de tel élément signifiant à tel autre est, lui, inaliénable : dans sa mise à plat, il faut au peintre reproduire fidèlement les rapports de signifiants à signifiants qui constituent le modèle, chacun des signifiants choisis étant en position de représenter un sujet pour un autre signifiant.

C'est ce que les peintres désignent du respect des rapports, la peinture en camaïeux en étant l'exemplification.

Michel Serres, dans son étude sur Carpaccio, va jusqu'à énoncer que tout art est pratique de l'espace : d'où il découle qu'entre tout objet à interpréter et l'interprétation qui en est faite, il doit y avoir isomorphie. Ainsi il avance qu'entre le discours qui fait le sujet du tableau - en l'occurrence le discours du diacre Etienne - et l'espace où ce discours est représenté - devant une Jérusalem imaginaire - il doit y avoir isomorphisme. C'est dire que l'espace y doit répondre aux mêmes règles sémantiques. C'est là l'interprétation personnelle d'un tableau, donc une interprétation au second degré de la part d'un écrivain qui dénie l'interprétation. Il la dénie puisqu'il refuse le rôle du signifiant - il le remplace par les lois topologiques - et il la dénie doublement puisque ce signifiant qu'il refuse le conduit si hardiment dans son écriture.

Ce survol de l'interprétation, faite par un écrivain, de l'interprétation qu'un peintre avait faite de la prédication de Saint Etienne, - une prédication, c'est-à-dire une interprétation d'un dire de Dieu - autrement dit, cette concaténation qui relie l'interprète qui dit ce qu'il entend de Dieu à celui qui peint ce dire puis à celui qui décrit cette peinture nous ramène en fin de boucle à celui qui nous préoccupe en l'occurrence, l'analyste.

L'analyste qui entend autre chose que ce qui lui est dit, comme le peintre voit autre chose que ce qui est donné à voir.

Privilège ou malédiction ? «Ils ont des yeux mais ne voient point, ils ont des oreilles mais n'entendent pas», il semble que les artistes et les analystes fassent une brèche à ce mur.

Tentons plus loin le rapprochement : avançons qu'à la chaîne signifiante interne, constituante du peintre, répond sur la toile un enchaînement qui préexistait en-dehors de lui mais dont la forme, résultant du choix qu'il en a fait, le représente. Plus brièvement, le choix de départ, la première trace sur la feuille blanche a valeur inaugurale, valeur d'acte dans le champ signifiant. Métaphoriquement pour être prudent, disons que le résultat de ce choix premier est S_1, c'est-à-dire n'importe lequel des éléments signifiants donnés à voir, mais conditionnant la suite de tous les autres - tous les autres étant S_2.

Le talent serait dans l'involontaire et inesquivable choix de ce S_1 impliquant alors un S_2 assez riche pour exploser du singulier à l'universel, c'est-à-dire pour émouvoir quoiqu'il en ait tout autre au niveau de son propre phantasme.

VI. L'ANALYSTE

Nous arrivons à la chaîne signifiante, donc nous arrivons à l'interprétation analytique. Comment la démarquer des interprétations que nous venons de passer en revue ?

Pour le peintre, nous venons de l'envisager, comme pour le musicien, comme pour tout artiste, on parle de talent : le résultat de leur entreprise est un effet d'affect : c'est un plaisir.

L'interprète polyglotte met son talent à reconstituer dans une langue nouvelle un sens exprimé dans une autre langue.

L'herméneute donne un sens aux Ecritures : au moins un, il peut y en avoir d'autres. De sens dévoilé à sens caché, son interprétation part d'un sens présupposé et en donne l'explication par son commentaire. L'interprétation est là le dévoilement d'un sens préexistant.

Le travail d'un Champollion découvre, délivre des signes : c'est un travail de déchiffrage dont le résultat est encore un sens.

Par l'interprétation de son dossier, l'avocat donne à sa plaidoirie quoi ? Un sens. Mais un sens diamétralement contraire, à partir du même dossier, selon qu'il aura à assurer la défense ou la partie civile - c'est-à-dire un sens non préexistant, à constituer de la manière la plus irréfutable possible puisqu'il devra emporter la conviction contre le sens contraire que l'avocat de la partie adverse aura extrait du même dossier. Un sens - pas la vérité.

La production du sens est un aboutissement, c'est un bouclage : la traduction, l'explication, le déchiffrage sont déclarés terminés lorsqu'ils ont fourni un sens. Il n'y a pas à aller plus loin : le sens, limite et aboutissement du signe, rend superfétatoire tout travail à poursuivre. Le signe s'adresse à quelqu'un pour indiquer un sens : le sens entendu, le signe n'a plus de raison d'être. Ainsi le naufragé n'a plus qu'à éteindre le feu qu'il alimentait sur son île dès qu'il voit un navire se dérouter pour lui. Effet d'un sens.

Toute différente est l'interprétation analytique.
Qui ne vise ni le plaisir, ni le sens - mais la vérité.

Toute différente et même contraire aux interprétations évoquées elle ne cherche pas à découvrir un sens, elle produit un non-sens. Elle ne boucle pas, elle ne donne pas de terme, elle ouvre une voie. Donner un sens, répondre à la question, c'est ponctuer, c'est fermer. L'interprétation analytique, loin d'expliquer, donc de colmater, doit ouvrir, par un non-sens donc, une rupture, une brèche dans l'irréductible à dire de l'inconscient, libérer une place nouvelle au signifiant. Au signifiant dont la caractéristique est d'être dénué de sens. Ce qui la spécifie, c'est sur quoi elle fonctionne : la relation signifiante, et ce qu'elle vise : la vérité.

Donc ce que l'analyste va faire naître par son interprétation c'est un signifiant marqué 1, un signifiant déchaînant signifiant après signifiant, non-sens exhumé du refoulement - à devenir un nouveau savoir.

En tant qu'interprète, qu'est-ce que l'analyste a à interpréter ? Ni un écrit, ni une trace - mais un discours, voire un mutisme. Un discours à interpréter par un discours, voire par un mutisme. Ce qui se passe, c'est quelque chose du dire de l'un au dire de l'autre. C'est une affaire de signifiant : le rôle de l'analyste est de dévoiler au sujet qui parle sa relation au signifiant.

Loin d'être une explication - voilà pourquoi votre fille est muette - ou un déchiffrage - la clé des songes - l'interprétation de l'analyste fait, comme formation de son propre inconscient, réponse aux formations de l'inconscient qui peuvent se faire jour dans le dire de l'autre. Elle vise la faille du discours par où peut surgir le signifiant refoulé, l'irréductible, celui qui supporte le phantasme - celui auquel le sujet est assujetti. Elle a à libérer une relation refoulée du sujet à un signifiant privilégié - S_1 - production spécifique du discours analytique.

Ce S_1, exhumé de l'inconscient qui le scellait sous des amoncellements de signifiants paravents et de symptômes à faire diversion, ce S_1 va, le temps de sa trouvaille - sa retrouvaille - et avant sa nouvelle perte, redonner à ce discours touché par l'interprétation, avec un nouvel enchaînement signifiant, un nouveau savoir : S_2.

Par quelle dynamique ? Par le dévoilement d'un signifiant, l'analyste apprend à l'analysant qu'a été entendu quelque part, au-delà de lui, quelque chose que d'ailleurs il ne savait pas avoir dit : quelque chose qui est de l'ordre de la vérité puisqu'en rapport avec le désir. Et que ce quelque chose de la vérité a été authentifié par ce qui tient lieu de référent à la situation analytique : par le grand Autre - A - le lieu, le trésor des signifiants, le troisième nécessaire.

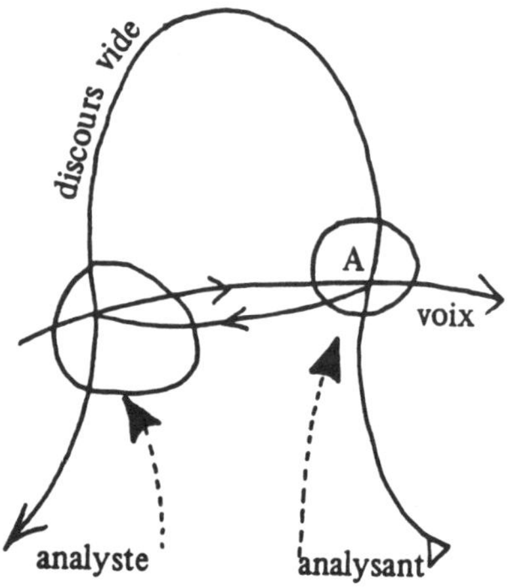

Sur le graphe, nous pouvons tenter de situer les positions respectives de l'analyste et de l'analysant : de même que le logicien n'interprète pas la langue naturelle mais un système formel, de même l'analyste se trouve confronté à deux types de discours :

- le discours rationnel des idées reçues appelé discours vide tant il est plein de sens, c'est-à-dire bouché à toute irruption de sens nouveau ;

- l'énoncé qui court le long de la chaîne signifiante, véhiculé par la voix comme symbolique nécessaire. L'intervention de l'analyste vient en s(A) les nouer, et renvoyer l'énoncé au A, constituant ainsi un message que reçoit le grand A en position de maître absolu, l'authentifiant puis le renvoyant par le court trajet inverse, après avoir joué son rôle essentiel de témoin - témoin de la vérité.

C'est au carrefour de l'énoncé et de sa rencontre avec A, lieu de l'authentification de son message, que se situe l'analysant qui ne se constituera comme sujet qu'à s'arracher au cercle vicieux s(A)-A.

Cette mise en place, cette valeur nouvelle du discours est dûe à la découverte, à l'introduction d'un signifiant jusqu'alors scellé.

C'est là effet de l'interprétation.

Or, on trouve en logique un mécanisme du même type concernant l'univers vide. La logique n'admet pas l'univers vide : une formule vide est par définition une formule fausse.

Lorsqu'on se trouve devant une formule de ce type, on se doit, en tant que logicien, de l'interpréter.

Il n'est pas sans intérêt pour nous que le verbe soit le même pour l'analyste et le logicien, la similitude allant plus loin, du discours dit vide à l'univers dit vide.

Cette interprétation logicienne consiste, pour rendre consistance à la formule vide, à donner un nom au porteur de nom resté anonyme, à donner une valeur de vérité à la proposition, à étendre un prédicat jusqu'au concept qui est son extension : autrement dit, on apporte un référent et la proposition prend consistance.

L'univers vide qui faisait la proposition fausse prend consistance de l'apport d'un référent.

D'un signifiant ?

C'est l'apport d'un référent - dans le discours analytique, précisons d'un signifiant - qui donne consistance à un système jusque là inopérant, ouvrant la voie à des effets imprévisibles, repérés dans l'après-coup.

Reprenons le voisinage de la logique - ce qui topologiquement implique que nous soyons dans son champ - pour poser la question du rapport de l'interprétation avec la vérité.

L'interprétation de l'écrit, telle que nous l'avons envisagée tout à l'heure, était transgression de la règle de non-substitution du contexte opaque : confronté à la règle de vérité, le résultat en est l'inconsistance. Chaque interprétation d'un écrit - si rigide soit-elle - porte la marque de son interprète par la signature qu'il y a imprimée : celle de son désir, celui-là même qui l'a mis à cette place d'interprète, avec le plaisir attendu de l'interprétation.

Au-delà du problème de la validité du contexte, opaque ou transparent, le jugement de vérité concernant le travail de l'interprète, du peintre, du musicien ne pourrait être assumé que par celui qui possèderait les deux codes - par exemple le lexique pour le traducteur - ou mieux, par celui qui possèderait tous les codes.

Il existe, celui qui possède tous les codes : c'est le grand A, à la fois lieu du trésor des signifiants, place de recel faisant trou dans le réel, celui à qui chacun demande l'authentification, la reconnaissance : c'est lui le référent, et non la table de vérité.

Mais l'interprétation analytique, quel est son rapport à la vérité ? N'oublions pas le rapport ultime de l'interprétation à la vérité tel qu'on le trouve dans l'aliénation du délire interprétatif où un dire, quel qu'il soit, est entendu comme signe désignant un sens présupposé - et tendancieux : tout a un sens, donc tout est signe - évanouissement du signifiant.

Peut-on parler d'interprétation analytique vraie ou d'interprétation analytique fausse ? En aucun cas. D'aucune manière une interprétation analytique n'est rapprochable d'un tableau de vérité. La vérité, l'interprétation la dévoile par son effet : elle est le produit de l'interprétation. A dévoiler le phantasme qui, lui, bien sûr, est préexistant à l'interprétation, l'analyste ne cesse de dire à l'analysant : à ton insu, c'est bien la vérité que tu dis.

Là encore, ce n'est pas à la table de vérité qu'il faut se référer mais au grand A. L'inconscient dont il est question, que l'interprétation analytique va ferrer dans un défaut langagier pour l'arracher à son irréductible réserve, cet inconscient est son discours à lui, A, témoin extérieur à l'obturation. C'est par le discours de l'analyste - par son interprétation - qu'il va en susciter l'ouverture : ouverture en forme de puits où la vérité se présente, à moitié seulement, la moitié noble, au-dessus de la ceinture.

Mais pourquoi une interprétation portant sur le discours de l'inconscient n'est-elle pas confrontable à un tableau de vérité ? La logique, forte de son savoir épistémique, suit son trajet en ligne droite pour aller se soumettre au jugement de la table de vérité. Mais la vérité dont il s'agit là est une vérité hors-sexe : elle trône au-dessus de la table de vérité, comme on voit la Justice dominer la balance qu'elle soutient.

La vérité qui concerne le savoir insu de l'inconscient est autre : c'est celle qui ne sort qu'à moitié de son puits, à moitié pour cacher son sexe, la moitié honteuse qui reste à l'abri du regard. Comment s'en rapprocher, comment essayer d'en voir plus que la moitié, en dire mieux que la mi-dire ? Devant la table de vérité, comme devant celle des Lois, le mathématicien est un chevalier qui vient, bannière déployée, pour se soumettre. Devant la vérité sexuée, l'approche ne peut être que feinte, guérilla, suite d'approches dissimulées cherchant à égarer la défense : l'approche par le langage de cette vérité-là se fait par le biais de la métonymie, la tangente de la métaphore, l'embrouillamini du rébus. Et si la ruse a été efficace, - inconsciente, donc - c'est le rire, le rire du mot d'esprit, un rire de victoire qui est celui «du chemin épargné». Pas de tableau de vérité pour l'interprétation qui a réussi cette approche, mais la sanction de l'envie de rire qui signe le mot d'esprit.

Car l'inconscient s'amuse dans le champ de l'humour. Rébus, contrepèterie, métaphore, l'inconscient se rit de nous, soumettant ses problèmes de déchiffrage à notre attention vigile qui n'y voit que du feu, et qui peine laborieusement à ce qui devait se résoudre en éclat de rire. Chaque fois qu'il montre un petit bout de nez, c'est avec verve et verdeur, utilisant souvent l'argot imagé, la langue verte, méprisant les attaches culturelles mais serrant au plus près les formations de l'inconscient.

L'humour est le propre du dire de l'inconscient, et l'inconscient - structuré comme un langage - étant propre à l'être parlant, le rire est bien le propre de l'homme.

V. LE LOGICIEN ET L'ANALYSTE

Mais terminons cette présentation des interprétations par l'opacité logique sur laquelle nous avons ouvert la question.

Le peintre, le traducteur - les interprètes -, nous avons vu que leur assujettissement à un choix les menait à leur insu en situation de ne pas tenir compte de l'opacité logique de leur objet : ce choix imposant la substitution incompatible avec la consistance logique, imposant de trahir pour créer. L'interprète, l'artiste, sont là entravés de la réalité psychique de la subjectivité. L'analyste a à interpréter le discours d'un autre dont il ne peut être question qu'entre guillemets : l'objet de son interprétation est une citation et la citation est par définition un contexte opaque dont rien ne peut être changé sans qu'en soit perturbé le sens. Voilà à ce sujet une double citation de Quine, deux points, ouvrez les guillemets : «La citation fonctionne comme un tout non analysable.» et : «Le sens du tout ne dépend pas du sens des constituants».

Dans le cas qui nous occupe, la citation, ce dire de l'analysant qui devient mi-dire à être désigné par l'interprétation comme son objet a transporté la subjectivité de son auteur jusqu'à sa rencontre avec celle de l'analyste qui va poser les guillemets en barrière défensive, et par ces guillemets instituer un contexte logiquement opaque.

Contexte opaque alourdi d'intersubjectivité : alors le psychanalyste ne peut ouvrir la bouche ? Son dire ne peut approcher ni du tableau de vérité ni du puits où elle se cache ?

Si l'analyste se comportait en logicien vis-à-vis du discours qu'il entend, refusant toute métaphore, réprimant tout mot d'esprit, où serait l'ouverture, où serait l'avancée ?

Car les exigences de la consistance logique sont bien destinées à interdire toute interprétation créative. Elles sont l'outil permettant de garantir l'identité de l'objet par delà le temps et les manipulations qui lui sont appliquées : autrement dit elles conditionnent la fidélité de la transmission. La transgression de ces règles - ici l'apport de substitutions - font que l'objet interprété n'est plus l'objet proposé à l'interprétation : il est autre, il est nouveau : il y a création.

D'où l'on peut dire, selon la création, qu'un interprète a du talent ou non. Peut-on alors dire d'un psychanalyste qu'il a du talent ou non ?

Et d'abord, qu'est-ce que le talent ? On trouve dans Bloch et von Wartburg qu'au Moyen-Age et jusqu'au XVIe siècle, talent a signifié «désir, volonté». Le sens de «talentum» comme «don naturel, aptitude», c'est-à-dire le sens qui nous est familier, est apparu au XIIe siècle précisément avec cet interprète passionné de dialectique, Abélard, encore lui, dans son écrit «*illa litteralis scientiae talenta*».

Alors, psychanalyste de talent, psychanalyste sans talent ? Non, le problème n'est pas là. Le problème n'est pas qu'il ait ou qu'il n'ait pas de talent, mais seulement qu'il soit ou qu'il ne soit pas analyste : il y a du psychanalyste ou il n'y en a pas. S'il y en a, du psychanalyste, la réponse sera dans le domaine du savoir insu de l'inconscient. Sinon, la réponse se fera dans le champ du savoir épistémique : nous voyons intervenir de nouveau cette dichotomie entre les deux types de savoir telle que nous l'avons envisagée pour voir ce qui, du savoir du psychanalyste, était transmissible ou pas.

Le savoir su, l'épistémique, transitif, transmissible, donne lieu à des dires de l'analyste qui restent régis par la logique : ils supportent la confrontation au tableau de vérité, mais ignorent le puits et son opacité. Ils concernent le savoir, le savoir-faire, voire le savoir-vivre et sont exprimables en propositions logiques.

Mais ce sont là **interventions et non interprétations spécifiques à l'analyse** - spécifiques à l'analyse, c'est-à-dire portant sur le discours de l'inconscient. Celui-là, ce discours de l'inconscient qui ne se sait pas savoir, nous l'avons vu intransitif, intransmissible, ne s'articulant que de la chaîne signifiante.

Ayant pour objet ce discours de l'inconscient, lequel se trahit de temps à autre par un lapsus, un acte manqué, bref par ce que Freud désignait des formations de l'inconscient, c'est par l'intermédiaire des formations de l'inconscient que le dire de l'analyste va le croiser, croiser comme on croise le fer, c'est-à-dire tenter de lui faire déposer ses défenses.

D'où il semble que puisse être avancée cette hypothèse que ***l'intervention analytique spécifique portant sur l'articulation signifiante ne peut se faire que par le jeu de cette même articulation signifiante, à savoir par le double support de la métaphore et de la métonymie : au dire de l'inconscient de l'analysant, métaphore et métonymie vont faire ouverture par***

la bouche de l'analyste, à son insu sous la forme de l'involontaire mot d'esprit.

Non qu'il soit loisible de croire que dès qu'un analyste ouvre la bouche il soit spirituel, mais qu'au-delà des interprétations rationnelles, raisonnables, utiles, l'analyste se voit, de temps en temps, de manière imprévisible et imparable, répondre à l'inconscient de l'autre par un mot d'esprit qui jaillit du savoir de son inconscient.

Savoir épistémique, savoir de l'inconscient : le premier cherche, le second trouve puisqu'il sait déjà.

Que l'analyste ait l'humilité de douter de son savoir su et fasse confiance au savoir de son inconscient : il n'est que de voir avec quel humour trivial le rêve sait interpréter le désir.

Logiquement, l'inconscient n'est donc pas «traduisible» donc interprétable dans le champ épistémique. Il ne peut l'être qu'à condition de rester dans le champ qui lui est propre, celui des formations de l'inconscient, celui de la chaîne signifiante : interprétable, à savoir que quelque chose de nouveau, d'inaugural peut en jaillir par le pur jeu des signifiants.

La métonymie, d'abord, qui n'est que glissement, glissement de sens de ce discours que Lacan compare à une patinoire. Glissement de sens ancré d'une pointe de dérision, glissement horizontal nécessaire à l'éclosion de la substitution qui, elle, se fait verticalement, substitution qui devient l'essentielle, la nécessaire métaphore, clef de voûte de toute articulation signifiante nouvelle, de tout sens nouveau à la suite du non-sens qu'elle fait exploser, de toute avancée théorique - à commencer par la métaphore du Nom du Père, nécessaire à la compréhension de l'Oedipe.

L'interprétation du discours de l'inconscient n'est envisageable que ***lorsque le savoir insu de l'analyste vient faire répartie au savoir insu de l'analysant.*** Autrement dit, lorsqu'un mot d'esprit de l'analyste vient faire ouverture au savoir de l'analysant.

L'écoute des analysants : incroyable est le savoir de l'inconscient de celui qui parle, sa richesse, son étendue et l'humour avec lequel il s'exprime : aucun rapport avec le niveau intellectuel et culturel du parlant, aucun rapport non plus avec son sens de l'humour. Comme si tout parlant trimbalait sans s'en douter le moins du monde un tout savoir qu'il serait de plus capable de dominer au point d'en savoir rire : comme si chacun d'eux, de nous tous - aussi débiles que l'on puisse paraître - avait en soi Einstein et Tristan Bernard.

Et qu'il suffirait de, de quoi ?

De se débarrasser de ce qui rend aveugle et sourd à ce savoir et à son rire : la passion de l'ignorance, notre passion dominante à tous. Car il nous a été donné de savoir, mais avec l'interdit de le savoir : revoilà l'antienne de l'arbre de la science et Eve en hystérique déterminant le désir de savoir - nous n'avons pas oublié à quel prix.

Au savoir s'est donc substituée la recherche du plaisir, soutenue par l'ignorance - les deux se conjugant pour trouver l'amour. Mais ceci est une autre histoire.

Nous sommes des êtres parlants que la passion de l'ignorance conduit à l'amour de préférence au savoir - savoir que nous refoulons de manière primitive, Ur-quelque chose - et que par un juste retour des choses, l'amour maintient dans l'ignorance.

Si puissante est cette passion de l'ignorance que si nous percevons quelque chose, ce qui est déjà une forme de savoir, toutes les formes de résistance vont apparaître pour empêcher d'en savoir plus, entraînant seulement le «je sais bien mais quand même».

Et que les analysants, nous percevant pour en savoir un bout, nous mettent dans la situation de supposé-savoir, nous aiment d'assumer ce qu'ils fuient, pour nous rejeter dès qu'ils en savent un bout à leur tour.

Ce savoir qui nous a été donné n'a pas le droit de sortir de l'inconscient où il est scellé, ce savoir dont le refoulement, l'effacement est le trou pivot autour duquel se structure le sujet, forcément barré puisqu'organisé d'un manque. Ce noyau de savoir - ce Kern - cet essentiel se fait jour par quelques traits d'union à l'appel du grand A, sous des formes dont le sens échappe d'abord à la vigilance consciente, stupide par rapport à lui, formes que Freud a désignées comme formations de l'inconscient : le rêve, le lapsus, l'acte manqué, le mot d'esprit.

Puisque c'est par ces traits d'union que se manifeste l'inconscient, selon les mécanismes mis à jour par Freud, - précisés par Lacan par la notion de signifiant qu'il a introduite là où Freud parlait de mots - puisqu'à longueur de séances nous entendons, nous analystes, les plus naïfs de nos analysants dévoiler un savoir qui nous confond avec un humour qui nous comble, sur quel autre modèle la parole nous serait-elle donnée que sur celui d'une formation de l'inconscient ?

Si elle ne nous est pas à notre insu donnée et qu'on la prenne sciemment, c'est forcément dans le domaine du discours de la science, dans notre savoir conscient et rationalisant : il ne s'agira plus d'interprétation mais d'explication : «Voilà pourquoi votre fille est muette» en moins drôle, allant jusqu'au «Je vois, vous souffrez d'un complexe d'Oedipe».

La parole doit nous être à notre insu donnée, visant à notre insu la faille comblée de mots vides du discours de l'autre.

Encore une fois, puisque l'analyste fait profession de croire à l'inconscient freudien, qu'il ait l'humilité de lui laisser l'initiative. D'où le point où nous arrivons maintenant :

Que l'interprétation analytique se fait sous la forme du mot d'esprit dans le champ du transfert.

Pourquoi le champ du transfert ?

Parce que de tout le parlé qui coule du divan, l'analyste a à distinguer le dire - quelque forme métaphorique, métonymique ou autre que l'inconscient ait pris pour laisser dire - et de ce dire, la faille, la faille faisant signe, non d'un sens qui la suturerait, mais signe d'un signe.

Puisque ce dire, si l'analysant l'a dit, même sans s'être entendu le dire - s'il l'a dit, c'est qu'il le sait. Et pour cerner de manière plus aiguë le parallélisme avec la logique du savoir, s'il le sait, c'est que c'est vrai.

Mais pour que soit dit : «C'est vrai», il est bien évidemment nécessaire de supposer quelqu'un le sachant avant, qui pourra l'authentifier : c'est la position du supposé-savoir, support du transfert. C'est ce que l'analyste met en acte, d'être supposé savoir, et qui fait effet par ses interprétations.

S'il dit : puisque tu le dis, tu dis la vérité, c'est que cette vérité, il la savait, lui, avant qu'elle ne soit dite - sinon, il lui serait impossible de l'authentifier.

D'où la nécessaire supposition du savoir de l'analyste pour rendre possible le transfert du savoir à l'analysant.

VI.

Revenons au mot d'esprit, réponse de l'analyste à l'humour de l'inconscient de l'analysant.

C'est surtout en début d'analyse que l'inconscient se permet d'en dire tant, sûr de l'impunité, habitué qu'il est à n'être pas entendu. Et c'est cette même raison qui rend transparents les entretiens dits préliminaires : ce qui est dit l'est par un sourd, devant l'analyste témoin, qui devra attendre parfois longtemps que recommence à être dit - en rêve, en rébus, voire en contrepèterie - ce qui alors risque d'être entendu du creux du divan. Les exemples de ce savoir et de son rire pourraient être multipliés, la parole pouvant être tout aussi efficacement remplacée par des achoppements de conduite comme les actes manqués : c'est à ce savoir-là que l'interprétation s'adresse, celui de l'inconscient, féroce dans son rapport à la vérité qu'il recèle tout entière et ne livre qu'à moitié, qui s'amuse et déguise ce passer-muscade d'un humour noir au détriment de qui le dit. C'est à ce savoir-là que l'interprétation s'adresse, et, pour y être entendue, admise, dans la même langue - la même lalangue.

Car si nous devons nous accuser d'être responsables parfois d'interprétations rationalisantes, explicatives, voire éducatives - bien qu'en advienne, encore que rarement, la nécessité - il y a celles qui nous surprennent d'avoir été dites.

Si on est bien assis à sa place de petit a - assis sur son savoir en position de vérité - et que, faisant confiance à ce que percevra son inconscient, on ne cherche en rien à présumer de ce qui va se passer, à conclure avant le retour du *nachträglich*, alors là, si on ouvre la bouche, c'est bien dans la même lalangue que celle qui nous vient du divan : car on n'a pas le choix. Dès lors, quelque chose est dit, qui surprend autant l'un que l'autre. Le temps que l'analyste se demande : mais qu'est-ce que j'ai été lui raconter là ?, il entend ce qu'il a dit, et il comprend pourquoi, autrement dit d'où ça vient - de l'Autre - et où ça va - dans cette faille du discours de l'analysant, faille qu'il a donc visée avant seulement de l'avoir perçue.

Prenons l'exemple assez controversé pour avoir été souvent objet de plaisanteries - restons dans le domaine de l'humour - à savoir l'interprétation formée d'une simple répétition, et même la répétition d'une simple syllabe.

C'est par méconnaissance que l'on peut accuser l'analyste d'écholalie ou d'avarice dans ses propos. L'analysant, poursuivant son récit, comme Schéhérazade, dit «il» au lieu de «elle». A première vue, il ne s'agit que d'un lapsus sans intérêt, mais le problème de ce patient étant centré sur l'homosexualité, c'est bien un mot d'esprit que son inconscient a imposé pour dénoncer une vérité, un mot d'esprit par le condensé, l'épargne : la même syllabe à une voyelle près, mais une voyelle qui fait signe d'un sens qui n'est rien moins que celui du sexe. L'analysant restant sourd à cette interpellation sans indulgence, l'analyste qui, lui, bien sûr, a entendu, interrompt le fil du discours en redisant simplement ce qu'avait dit l'inconscient de l'autre : «il ?» Et cette syllabe fait interprétation, plus qu'un long discours. Comment ?

Interrompu, interloqué, le patient change de registre et entend ce qui avait échappé tant à sa bouche qu'à son oreille. Il l'entend si bien pour la première fois qu'il ne reconnaît souvent pas immédiatement l'avoir effectivement déjà dit. Quelle est cette différence qui donne poids à un dit identique mais répété par l'autre ? C'est que le premier jet est un «je» : je, c'est-à-dire du présent, fixant le présent dans le discours, le présent du parleur, sa présence. Répété par l'autre, le je est rejeté, le discours devient message, message dont le présent n'a rien à voir avec le présent du parleur : c'est devenu le présent du dire. C'est de cette bascule du dire du présent au présent du dire que la répétition par l'analyste fait du dire de l'analysant une interprétation psychanalytique, reprenant le mot d'esprit à son compte. L'effet en est surprenant dans l'immédiat, imprévisible dans l'avenir.

Pour l'analysant, c'est la stupeur avant la compréhension, auquel s'adjoint le plaisir mêlé d'angoisse d'en avoir dit tant et si bien sans le savoir. Son discours va reprendre, mais autre, et définitivement différent. Le signifiant énucléé du refoulement, raccordé à la chaîne signifiante préexistante, devient le maillon premier d'une nouvelle chaîne dont il va en maître établir la relation d'ordre. La cure analytique s'infléchit de ce jour : l'analysant est devenu autre, son discours comme son comportement ont pris un nouveau style. Ces interprétations-là sont les deux ou trois coups de barre qui assurent la navigation d'une analyse à porter l'analysant jusqu'au port. Les autres, moins précises comme moins spirituelles, plus proches du savoir-faire que du savoir, n'assurant que les manoeuvres nécessaires au maintien du cursus.

Pour l'analyste donc, nous l'avons vu, sidération et plaisir. La sidération a forcément quelque chose à voir avec le désir, tous deux venant de la même étoile lointaine : *sidus-sideris*. De l'étoile lointaine, un rayon vient à nous - mais on dirait du Schreiber, revenons à la théorie lacanienne. Ce rayon qui nous vient d'ailleurs, c'est le désir de l'Autre, dont nous percevons les effets sans pouvoir le considérer - car désir est privatif par son préfixe. On voudrait le considérer, mais son impact est si ténu qu'il ne touche que le point aveugle de la rétine : on le regrette : on désire. La sidération est tout l'opposé : c'est la prise par l'influence de l'astre : c'est être figé par la rencontre avec le désir - ce désir de dévoiler qui vient de l'Autre, l'analyste y est confronté par son interprétation.

Et son plaisir ? C'est le plaisir du mot d'esprit, frustré du rire.

Nous savons que le plaisir procuré par le mot d'esprit est double, il y a celui du jeu avec les mots, comme disait Freud - nous dirions aujourd'hui les jeux du signifiant, dont le champ est plus large que celui du jeu de mots. Puis il y a celui, beaucoup plus important de la satisfaction d'une tendance.

Freud a fait l'inventaire des tendances qui prennent ce biais pour dépasser les censures, tant internes qu'externes : la libidineuse, l'agressive, la sceptique et la cynique. Puisque l'analyste prend plaisir à son mot, c'est qu'une tendance, là, se satisfait outrepassant les censures internes, les inhibitions, la crainte des effets imprévisibles en même temps que les résistances du patient à l'entendre.

C'est la tendance de l'analyste, spécifique à son état, visant le dévoilement, envisageable comme la somme de toutes les autres. Ce serait là une 5e tendance, nouvelle par rapport à l'inventaire de Freud : la tendance à la vérité, complice, en somme, de l'inconscient.

Comme si - non pas innominée comme Dieu et comme lui indicible - elle ne l'était, dicible, qu'à moitié, comme nous l'a indiqué Lacan, et encore seulement par le biais du mot d'esprit, à travers métaphores et métonymies, détournant de l'attention la visée de l'intention : on ne peut dire de Fréron qu'il est fripon qu'en parlant de chats.

Pourquoi donc, si l'interprétation est un mot d'esprit satisfaisant une tendance - type de mot d'esprit que Freud met au niveau le plus élevé et procurant la satisfaction la plus grande, pourquoi n'y a-t-il pas, entre analyste et analysant, échange de rires ? Sans aborder ici la lourde charge d'affects imposée par la situation transférentielle, il convient de préciser ce qui différencie fondamentalement l'interprétation et le mot d'esprit c'est, justement, la situation, c'est-à-dire le rapport des individus.

Pour l'analyse - pour l'interprétation - il faut et il suffit d'être deux personnes. Le rôle de troisième y est tenu par un référent symbolique, le signifiant : mieux, le Grand Autre.

Pour le mot d'esprit, il faut et il suffit d'être trois personnes, et cette *dritte Person* ne peut être n'importe qui : elle doit être de la paroisse.

Nous voici une fois de plus confrontés à cette alternance de situations, duelles comme celles de l'amour et de l'analyse et triangulaires comme celles du contrôle et de la passe, au sujet de laquelle Lacan, comme je l'ai rappelé en ouverture, invoque le modèle du trait d'esprit.

Alors reprenons du mot d'esprit : pourquoi 3, et pourquoi le rire ?

A l'origine, il n'est pas nécessaire d'être trois pour tirer plaisir du don de la parole spécifique à notre espèce. Le jeune enfant le fait par la compulsion à répéter indéfiniment le ou les mots qu'il connaît, tout à fait indifférent à l'absence de sens de son dire. C'est «fort-da», non-sens apparent, en réalité métaphore essentielle. L'absence de sens apparent irrite les adultes auditeurs qui, à le morigéner, à le faire taire, lui en inculquent et l'interdit et le sens critique : pour jouer à «fort-da», il faut être seul.

L'interdit extérieur, la critique interne de ce plaisir archaïque dont reste la nostalgie seront dépassés par la plaisanterie, qui permet de se faire plaisir à dire des insanités tout en amusant la galerie. La galerie : des auditeurs, en nombre indéterminé. Et si un non-sens fait scandale, l'excuse est prête : «je plaisantais». Freud a la malice de signaler que certains toxiques sont susceptibles de rendre à l'adulte l'humeur ludique propre à faire fi du sens critique et de l'interdit - mais pour jouer à «fort-da», il faut vraiment avoir beaucoup bu.

La rencontre du comique permet de rire tout seul, encore que le plaisir soit augmenté de la présomption de celui qui va suivre à le raconter à d'autres.

Le mot d'esprit, nous y voilà, a besoin d'un troisième, la *dritte Person*, qui n'est pas n'importe quel troisième, certains troisièmes vouant le mot d'esprit à l'échec. A celui auquel vient le mot d'esprit, 1er personnage, celui auquel le mot d'esprit fait allusion, 2e personnage, doit s'adjoindre le nécessaire 3e personnage, celui dont le rire permettra le plaisir du premier. Ce troisième nécessaire, l'acolyte, le compagnon de langage - *Sprachgenoss* - doit être «de la paroisse», afin qu'à boucler le mot d'esprit par son rire, il l'authentifie comme tel d'une part, en reconnaissant d'autre part l'auteur comme faisant partie du groupe : le groupe que ce mot peut faire rire, ce groupe de gens soumis à des références communes.

Dans la relation analytique, le rire est désamorcé par l'absence du troisième. Le sourire éventuel de l'analyste est peut-être l'avant-goût du plaisir qu'il prendra à raconter son mot à un troisième adéquat, peut-être un clin d'oeil au A qui, après tout, est compétent. Mais l'analyste, surtout s'il est discret, est frustré de l'authentification de son interprétation comme mot d'esprit et du rire qui pouvait l'établir comme tel.

Le trait d'esprit étant l'illustration même des rapports de l'inconscient avec le signifiant, son rôle dans l'analyse n'a rien pour nous étonner. Mais l'interprétation sous cette forme a-t-elle un caractère de nécessité ? Oui, elle est nécessaire au déchiffrage par la possibilité de substitution qu'apporte le mot d'esprit avec la métonymie d'abord, la métaphore ensuite : la création de sens nouveaux est la fonction même de la métaphore.

Pour conclure, nous rappellerons que l'inconscient tel que nous avons tenté de le cerner dans ses rapports avec la transmission nous était apparu logiquement inconsistant par son défaut de transitivité. En tant que texte à interpréter, il se précise maintenant comme ayant par son discours structure de contexte opaque impliquant l'interdit de toute substitution - donc de toute ouverture à un sens nouveau. Intransmissible, il resterait donc inaliénable, inexpugnable sans le mot d'esprit qui seul a pouvoir d'ébranler l'articulation signifiante.

Serait-il possible de situer l'interprétation analytique, dans sa particularité de libérer du savoir, entre les interprétations qui découvrent et instituent des sens nouveaux et les interprétations artistiques créant des oeuvres d'émotion et de plaisir ? Si la création artistique est le produit d'une interprétation faisant intervenir le désir de l'artiste, donc un choix surdéterminé par son inconscient, et l'interprétation analytique une forme de mot d'esprit de l'analyse satisfaisant sinon son désir, du moins une tendance propre à sa situation d'analyste, un champ reste commun aux deux. L'interprétation analytique n'a pas à être conçue comme une activité nouvelle de l'homme parlant, d'acquisition récente. Elle est un mode nouveau d'interprétation, une interprétation portant sur l'inconscient comme objet, et non plus une interprétation utilisant l'inconscient comme ressource.

En rapport au désir, le résultat d'une interprétation quelle qu'elle soit semble dépendre du désir qui l'inspire : désir de l'un, désir de l'Autre, c'est un désir différent qui anime la pythonisse et le poète.

Pour certains interprètes, le désir tout-puissant imprime à chaque interprétation une marque constante et répétitive. Nous avons vu que Jouvet n'a joué que du Jouvet, qu'il ait interprété Ben Johnson ou Giraudoux. Le Greco a marqué chaque toile du même étirement mystique dans les mêmes teintes livides, alors que Marquet a signé chaque paysage de la même cordialité. Plus près de nous, Balthus donne à ses nymphettes un éclairage de perversion qui ne s'avoue pas mais se réitère. Certains peintres ont pu, Véronèse paraît en être un bon exemple, ajouter à une continuité qui les désigne, faire surgir une image qui ne les représente plus, faire des portraits qui ne sont plus les leurs. Mais existe-t-il des interprètes dont le choix n'est plus guidé par leur désir, qui ne se représentent plus parce qu'ils se sont oubliés, dont le désir ne fait plus écran ? S'il est vrai que chacun est à soi-même l'arbre qui cache la forêt, d'aucuns, pourtant, ont accepté que cet arbre soit coupé : cette métaphore, bien sûr, étant manière détournée de parler de la castration, et d'arriver à l'analyste. Pourtant d'autres interprètes y sont parvenus : ce que nous donne à voir un peintre contemporain comme Nicolas de Staël est au-delà de son désir et de son phantasme. Tout l'imaginaire a été raclé, le symbolique dépouillé jusqu'à la trame. Ce qui reste est bouleversant, insoutenable : c'est un bout de réel. De Staël est allé si loin, dans ce trou au pinceau dont parlait Jean Renoir, qu'il n'en est pas revenu : la forêt, comme celle de Birnam, est montée jusqu'à lui. C'est à cette place périlleuse d'interprète que doit se tenir l'analyste, loin de son arbre, loin de son désir - mais plus armé par son savoir que ne l'était le peintre dépouillé de tout amour pour soi.

Voici la conclusion en forme d'exemple : tout ce qui précède n'est qu'interprétation. C'est une interprétation concernant l'enseignement de Lacan. Il y est certainement trahi par quelques glissements métonymiques et quelques substitutions métaphoriques : à ce prix, peut-être quelque chose a-t-il pu être dit, que d'aucuns pourraient reprendre - et interpréter.

1979

IV

SON DEVOILEMENT DANS LA PASSE : AVEC ECLAT(S), MAIS PARCIMONIE

La procédure de la passe a été proposée par Lacan
le 09 octobre 1967.

Elle ne pouvait que fasciner ceux partis à la découverte de l'inconscient, sa nouveauté faisant d'elle une recherche au deuxième degré des traces, des marques, des directives de l'inconscient déjà discernées au cours de la recherche au premier degré qu'avait été le cursus analytique en question, devenu à son tour le champ d'un dépistage second. Si dans l'analyse le transfert s'était laissé dévoiler, dans la passe, le sujet d'étonnement en est le dévoilement lui-même : après le fait, la logique de ce fait.

D'emblée elle a déchaîné des réactions passionnelles, puisqu'il est apparu à chacun, et tout de suite, qu'elle enlevait du pouvoir à ceux qui le détenaient et qu'elle en donnait à ceux qui n'en avaient d'autre que celui de parler de ce qu'ils avaient entendu.

C'est que la passe, telle qu'elle a été proposée, donc, en 1967, accordait au candidat l'éventualité d'un gradus enviable ou présumé tel, dont le candidat n'était redevable à aucun des grands de l'institution baptisés «béatitudes» par Lacan lui-même, mais simplement aux quidams nommés passeurs par leurs analystes. Le pouvoir de nommer par cooptation était donc là gommé - au grand dam des cooptateurs habituels.

Par contre, la promotion restait proposée, avec des précautions oratoires : n'en soyez pas gourmands, ce n'est pas un «gradus». C'est pourtant bien en tant que tel que le «oui» concluant une passe était convoité.

Par cette promotion qu'elle proposait, la passe était uniquement au service du candidat ; elle ne s'est pas mise au service du travail d'élaboration sur la psychanalyse, sur son évolution au cours du cursus, sur le passage justement problématique de l'analysant à l'analyste.

Très vite, cet état de fait n'a entraîné que le dépit de son fondateur.

Voici non pas une étude exhaustive de cette procédure qui a déjà ouvert les vannes à des torrents d'encre, mais quelques points de vue la concernant, en des temps différents et des lieux différents :

- le premier date de l'Ecole Freudienne : c'est la lettre d'un candidat à ses passeurs, à la veille de la réunion du jury,
- le second est un après-Lacan. Il se situe lors d'un congrès sur la passe tenu par les Cartels Constituants de l'Analyse Freudienne, dont la passe et les cartels étaient les enjeux essentiels,
- le troisième n'est qu'une apostrophe lancée lors d'une réunion de cette même institution sur ce souci persistant qu'était resté la passe dont la procédure avait été régulièrement appliquée : y transparaît cette angoisse devant le récl susceptible là d'être décodé, telle que déjà elle se pointait frileusement dans la lettre du candidat,
- le dernier point de vue, contemporain et conclusif, est un aperçu de ce qu'est devenue la passe après plusieurs années de pratique dans cette même institution.

LETTRE D'UN CANDIDAT A SES PASSEURS, 1972

Pour s'y retrouver, au delà de la proposition faite par Lacan de la procédure de la passe et de toutes les discussions qui l'ont immédiatement suivie, il nous faut repartir de l'énoncé de ce même Lacan situé bien en deça, daté de 1957, et pourvu de ce titre prometteur : ***La psychanalyse et son enseignement***, (*Ecrits*, p. 238)

> "Il ne saurait s'agir de rien de tel (le moi autonome de l'analyste est la mesure de la réalité) dans les confins de l'analyse, mais de la restitution d'une chaîne symbolique dont les trois dimensions
> - d'histoire d'une vie vécue comme histoire,
> - de sujétion aux lois du langage, seules capables de surdétermination,
> - de jeu intersubjectif par où la vérité entre dans le réel, indiquent *les directions où l'auteur entend tracer les voies de la formation de l'analyste.*"

Dans ces confins de l'analyse - c'est cette région brumeuse où l'on se propose à la passe -

- l'histoire d'une vie, bien sûr, soit d'avoir été dite, encore que l'intérêt en tienne moins au récit qu'aux accidents de parcours dont il est le prétexte,

> comme de faire ressurgir les souvenirs perdus que les résistances à l'analyse avaient maintenus dans le refoulement et qui sont piégés dans cette situation nouvelle de psychanalyse sans filet, où ce ne

sont pas les souvenirs eux-mêmes qui viennent à être dits, mais les récits les concernant,
comme de dépasser la confidence qui tend à l'épandage en dépistant au fur et à mesure les trous de ce tissu, en s'attachant justement à ces trous et à leur valeur de s'être maintenus trous dans le déroulement de l'analyse dont il est question, laquelle pose celle-ci : puisqu'il y a eu résistance, qu'en a-t-il été du transfert dans l'analyse, et qu'en est-il du transfert dans la passe ?

- donc, dès qu'on ouvre la bouche, l'histoire n'est que prétexte à la 2ème dimension, à savoir la sujétion au langage. L'histoire a un intérêt de références, références à partir desquelles se dégage la structure de celui qui dit, puis le récit de l'histoire seul compte vraiment, puisque par lui on entre dans le champ de "lalangue". Et ce champ-là scintille de mille cristaux langagiers puisque de passeur à passant il y a à la fois miroir et réciprocité.

- pour les mêmes raisons, le jeu intersubjectif a toute licence dans cette analyse qui se confirme à n'être pas sauvage, mais qui est réciproque inévitablement si passant et passeur ont le courage de s'y exposer.

Le courage de s'y exposer sous-entend quoi ?

Que s'engager dans la passe, c'est bien déjà un pas vers un au delà du principe de plaisir, puisque c'est faire fi de la moindre tension.

Aller au delà du principe de plaisir, c'est quitter son domaine ronronnant pour aborder celui bien plus vif de la jouissance, c'est donc s'engager dans la voie d'une perversion.

Laquelle ?

Le masochisme, dont le courage évoqué à l'instant n'est qu'une forme de jouissance. Son importance dans le cursus d'une analyse, sa valeur de témoignage "qu'il s'y passe quelque chose" laisse présumer de son rôle dans l'acceptation de cette expérience.

Que chacun analyse ce qu'il en est du récit de l'analyse de l'autre : le discours de chacun a des effets qu'il n'est pas question de nier sur l'autre, effets qui reviennent en boomerang, effets qui dans la relation analytique ne sont pas revenus sous cette forme : ou bien ils ne revenaient pas, ou bien ils revenaient sous forme d'interprétation, c'est-à-dire sous forme de mi-dire.

Dans la passe, ils ne reviennent pas sous forme de moitié : la vérité y oublie sa pudeur et fait du strip-tease. Il est bien sûr des âmes sensibles que cette impudeur indigne et qui lui tendent un voile : c'est celui qu'ils ont gardé comme en-cas sous la main pour s'aveugler eux-mêmes au sujet de leur castration.

Après la partie documentaire - et surtout le pourquoi voulez-vous être analyste - après ce qu'il en est du candidat, du passeur, l'intérêt est évidemment de s'interroger sur la passe elle-même, son rôle, son dynamisme et sa structure.

On est bien obligés, actuellement, de la considérer sous la forme d'une dialectique : non formalisée, elle reste ouverte à toutes les questions.

A certaines, on peut peut-être déjà répondre.

D'autres vont ricochant de passe en passe, essayant de cerner un réel impossible, ou un "rien" de conclusion, donc juxtaposé à ce dont il s'agit, puisque ce rien auquel on arrive trop vite est un prêt-à-porter qui va à n'importe quoi (Frege).

Pour moi - vous attendez que j'en parle, puisque vous allez avoir à en parler - pour moi, ça ne m'intéresse plus guère, ma petite affaire. Je vous en ai transféré la charge, avec celle d'en parler - voire d'en juger -.

Alors la passe, justement, ne tournerait-elle pas autour de ce pot-là, le transfert et le pouvoir ?

Le rejet de l'analyste - ce supposé savoir dont on met le savoir en position de vérité - ce supposé savoir transitoirement maintenu en place par le pouvoir du transfert, son rejet d'une place que l'on se trouve à même de prendre ne correspond-il pas à un transfert de pouvoir ?

Supposé savoir, petit a, ne serait-ce pas là le noeud gordien ?

Le petit a, c'est la cause du désir et l'impuissance de l'analyste en est le soutien. Mais ce n'est pas le supposé savoir qui opère, c'est le pouvoir du transfert.

Le moment où s'amorce le transfert du pouvoir, le moment du déchirement entre supposé savoir et petit a, moins brutal que l'épée d'Alexandre, n'est-ce pas là que peut se repérer la passe ?

Donc, ma petite affaire, à vous de vous en occuper.

Je vous l'ai transférée et je suis ailleurs, quelque part sous le pommier dont on ne veut pas de pommes, quelque part où il n'y a plus rien à perdre.

Car vous en parler serait répétition.

Une répétition tant de fois reproduite que la jouissance à en attendre a été s'amenuisant, perte après perte, pour en arriver là : plus rien à perdre.

Non qu'il ne s'y passe rien, et ce qui s'y passe n'est pas exempt d'une certaine gaieté, si l'on sait, du dérisoire, isoler le rire.

LA PASSE, PANORAMIQUE, 1984

Il nous faut jeter un coup d'oeil en arrière sur la passe pour voir ce qu'elle a été, ce qu'on pourrait attendre d'elle dans son devenir, et préciser à la fois son rapport à ceux qui s'y prêtent et son rapport à l'institution.

Ce qu'elle a été ?

La passe a été une question mal posée. Ce qui fait qu'elle n'a produit aucune des réponses que l'on attendait d'elle, alors qu'elle en a posé quantité d'autres. D'où le sentiment, pour ceux qui ont vécu cette expérience, non pas de stérilité, mais bien au contraire l'agacement d'être passé à côté de choses essentielles - et qu'il faut retourner y voir.

D'où la nécessité de repenser le faire de la passe et de tenter de la corriger de ce qui l'avait mutilée dans le passé.

Peut-être est-ce utopie, peut-être est-ce aveugle surestimation de ce que nous allons être capables de faire. Peut-être n'avons-nous pas encore les moyens de dévoiler ce *punctum remotum* de l'avancée de la psychanalyse : au bout de la psychanalyse, qu'y a-t-il ? Que s'y passe-t-il ?

Peut-être ne sommes-nous, historiquement, pas encore en mesure de faire ce pas ; mais, puisque nous nous posons ces questions, que pouvons-nous honnêtement faire d'autre que de le tenter, puisque ce que nous en savons, c'est que seul l'après-coup nous répondra.

Historiquement, en effet, la passe se situe comment ? Et quelle est sa place dans notre institution ?

La passe est l'apport de Lacan à l'évolution historique de la psychanalyse : Freud a fondé son invention et l'a confortée par ses écrits. Premier pas. Ferenczi a rendu le cursus analytique freudien obligatoire à tout candidat analyste et introduit le contrôle comme pas suivant.

Et depuis, rien.

La psychanalyse est restée réglementée, hiérarchisée, disciplinée dans une institution d'autant plus rigide que défendue par l'immobilisme. Rien n'a bougé, pas la moindre ouverture ne s'est faite quant à la nature de l'enseignement donné et la nature des résultats obtenus, encore que tant de gens aient travaillé dans ce cadre de catéchisme. Rien jusqu'à Lacan, qui d'emblée a dérangé l'ordre établi par son enseignement d'abord, puis, plus tard - trop tard probablement - par l'introduction de ce temps suivant : après l'obligation de l'analyse, dite du coup didactique, après le contrôle, il introduit le troisième temps historique : la passe.

La passe est le pas suivant dans l'histoire de la psychanalyse. Pas suivant, donc pas nouveau. Et puisque nouveau, angoissant pour chacun. Est-ce une raison suffisante pour s'en détourner ?

La passe comme institution est essentielle en tant que ce troisième pas dont nous venons de parler. Elle est essentielle comme défense et illustration de notre choix de départ : oui à des nominations mais non à des nominations d'analystes, puisque ce serait admettre le problème de l'être de l'analyste comme défini, au lieu de s'y atteler comme question à résoudre.

Mais la passe n'a pas à être un fondement institutionnel. C'est le troisième pas, mais les deux premiers ont le même poids : analyse et travail théorique, formation de l'analyste, donc contrôle et travail théorique sur le contrôle - travail dont on a beaucoup parlé mais qui reste à faire. De même, le travail en cartel et le travail sur le cartel ont la même importance que la passe et le travail sur la passe.

Alors, cette institution de la passe, qu'a-t-elle été, que devient-elle ? A quoi disait-on oui ou non du temps de son fonctionnement à l'E.F.P., à quoi dit-on oui ou non aujourd'hui ? Y a-t-il changement ?

Du changement, il y en a forcément. La passe était création de Lacan. Elle lui tenait à coeur et il y veillait - disons avec euphémisme - personnellement. Les passes dominées par Lacan autour duquel se groupait le jury conduisaient à une issue précise : on était, ou on n'était pas - oui ou non - passible d'être Analyste de l'Ecole. Pas une hiérarchie, nous apprenait-on, mais un état, une façon d'être analyste : c'était être analyste disponible à travailler.

Autrement dit, on en était petit à petit arrivé à éliminer le «oui ou non» sur le passé analytique du candidat : a-t-il vraiment fait une analyse ? En a-t-il fini de son transfert ? A-t-il abordé voire dépassé la castration ? Il n'y avait pas jugement - oui ou non - sur son présent : est-il bien dans la passe, ce moment où dont auquel etc...

Ce à quoi il fallait dire oui ou non, c'était : va-t-il être disponible pour fournir l'attention et le travail que l'on doit attendre d'un A.E.? C'était une traite sur un futur possible. Les membres du jury de l'époque vous diront que non : qu'ils s'appesan-tissaient dans leurs investigations sur le passé analytique du candidat, de sa position vis-à-vis de l'analyse faite, vis-à-vis de son analyste, vis-à-vis de son narcissisme et de sa castration. Mais l'historique de l'aventure nous montre bien que Lacan nommait A.E. les gens qu'il estimait disponibles à travailler dans le sein de son école, castration ou transfert restant en suspens quant aux candidats, puisqu'après tout, c'était leur problème.

Ce que Lacan voulait, c'était des gens capables d'assurer un travail théorique dans son Ecole. L'écoute des passeurs permettait bien évidemment d'apprécier si oui ou non le candidat était apte ou non à travailler dans une équipe : l'équipe des A.E.

Ce qui a conduit à une double impasse :

- qu'étaient considérés comme capables de travail théorique des candidats dont par ailleurs les passeurs ne rapportaient rien garantissant leur avancée dans une cure analytique,

- que cette «équipe d'A.E.» n'a jamais existé. Les A.E. ont formé un groupe disparate de gens à des niveaux sans commune mesure de leur cursus - voire au point zéro - qui n'ont jamais été capables de faire un travail commun, et n'ont produit, lorsqu'ils l'ont fait, que dans la plus véridique solitude.

La caste des A.E. qui en avait effrayé plus d'un n'a jamais existé.

Alors changement il y a, forcément, puisque Lacan n'est plus là, puisque ce n'est plus Lacan qui juge.

Les jurés actuels de la passe n'ont plus à penser A.E., puisque nous avons voulu partir de cette hypothèse fondamentale que personne - jusqu'à plus ample informé - n'était fondé à nommer qui que ce soit analyste. Pas de A, donc, et plus de E. L'Analyste de l'Ecole a irréversiblement disparu avec Lacan et son Ecole, et c'est logique. On retourne donc aux références de départ de la passe - dont on attend le plus ample informé.

Mais alors à quoi le jury actuel doit-il dire oui ou non ?

Au candidat : oui ou non a-t-il fait une analyse - ou à l'institution : oui ou non, cette passe apporte-t-elle un enseignement ? Car si on abandonne la recherche d'une nomination utilitaire, ce qui apparaît c'est le double champ d'action de la passe :
- sur les sujets, à savoir le passant et les passeurs,
- sur l'institution, qui doit bénéficier de l'enseignement à recueillir de l'écoute de l'expérience.

Qui sont donc ce passant et ces passeurs réunis par le hasard d'un tirage au sort ?

Le passant, lui, a fait acte de candidature, guidé par son désir d'en savoir plus sur l'analyse et sur son analyse, de faire le pas qui l'en libérera. Si cette candidature est autrement motivée - par méconnaissance, par ambition ou par désir de reconnaissance - les passeurs s'apercevront vite qu'ils perdent leur temps, mais le seul avatar qu'ils encourent est d'en être agacés.

Les passeurs, eux, ne font pas acte de candidature puisqu'ils sont désignés par leur analyste. La responsabilité en incombe uniquement à cet analyste et c'est une très lourde responsabi-

lité : si le passeur est dans ce moment crucial, engagé dans la passe, il est en état d'entendre le discours du passant et d'en recevoir un savoir. S'il n'y est pas, il se trouve déplacé, et sa situation ambiguë est origine d'angoisse. L'effet néfaste du mauvais choix d'un passeur est multiple :
- vis-à-vis du passeur qui peut se trouver débouté de sa propre analyse,
- vis-à-vis du candidat qui parle à qui ne l'entend pas,
- vis-à-vis de l'institution qui ne peut qu'entériner un échec.

La désignation du passeur est cruciale puisque résultant du choix d'un seul mettant en suspens l'expérience dans son ensemble.

Enfin, si le passeur bien nommé est effectif parce que bien situé dans la passe, le travail qu'il va y faire avec le passant n'aura de cesse de l'en faire sortir. Le savoir qu'il va acquérir au cours de ses entretiens va faire de lui un interlocuteur qui sait, et la nature et la visée de ce qui s'y passe. Cet avatar était d'autant plus sensible à l'E.F.P. que les passeurs assistaient, ensemble, et participaient aux débats du jury. Donc du lieu de la passe, s'ils y avaient bien été, ils étaient là éjectés et mis en position non plus de coéquipiers mais de juges : en somme, de passeurs amateurs, ils passaient pro et la passe n'était plus avec eux qu'une forme de contrôle.

Mais revenons à la passe elle-même, non l'expérience, mais ce défilé inconfortable et instable d'où l'on peut s'absenter mais aussi revenir. C'est ce moment de vide, ce moment de transition où l'analysant des-est en analyse et où, par là même, il démet son analyste. Moment de flottement, moment à teinte dépressive, creux de la vague où plus rien n'est à sa place, où le passé n'est plus que vacuité et l'avenir sans dessein. D'où vient ce changement, que s'est-il passé ?

Celui qui avance dans son analyse est dit analysant : c'est-à-dire en train de, dans un mouvement. Il est un devenir, s'appuyant sans cesse pour ce faire sur son passé comme référence. Lorsqu'il débouche dans la passe, il y a un mouvement de bascule où ce passé comme référence brusquement apparaît vain, vidé, mouvement de bascule tout à fait perceptible dans le discours tenu. Le participe présent reste d'usage, mais il ne porte plus sur l'analyse, il porte sur l'être : le sujet n'est plus analysant, il est étant - étant barré, bien sûr. Puisque périmées les références au passé, vidées de leurs affects - comme périmée la relation à l'analyste, le supposé-savoir dépouillé du transfert et désigné au désêtre.

Avant cette échéance, l'analysant a longtemps fait ce chemin sablonneux, prenant appui sur son transfert à l'analyste, d'avancer à reculons, le regard fixé sur le passé d'où il vient, revivant sans cesse son enfance, tirant sur les cordes qui l'y rattachent et l'entravent encore comme ses phantasmes anciens, le désir de sa mère et toutes les traces de l'enfance qui enflamment son émotivité. Et puis un jour, les cordes se rompent : l'analysant se retourne et regarde alors dans l'autre sens, non plus en arrière vers son passé, mais en avant, vers son avenir. Et ce qu'il y voit, c'est évidemment sa mort. Il est seul, l'analyste fait partie de ce qui est resté en arrière à la dérive : il y a perte, perte du passé en tant qu'affect, perte de l'avenir en tant qu'espérance : c'est ce dépouillement qui délimite le champ de la castration.

Ce retournement est le pas conclusif du cursus entrepris, mais il est en même temps inaugural et fondateur : c'est là que «je» devient «un autre».

Mais ce retournement, ce mouvement de bascule à la fois conclusif et inaugural peut s'engluer sur le mode de l'hésitation et de l'incertitude. Le travail de la passe fait que chacun, passant, passeur puisse à l'autre en parler, de son hésitation, de son incertitude, et régler son compte d'analysant. Ce pas - dans le sens de pas de danse, encore une fois - s'il a été retardé pendant un temps qui menaçait d'être incontrôlable, le pas se fait ici et maintenant, dans les entretiens entre passant et passeurs, et il se fait par un effet de retour.

Que le phantasme originel se soit petit à petit effrité le long du cursus, que le narcissisme défenseur, que l'espérance rassurante se soient progressivement dilués pour faire place au solide mais douloureux acquiescement à la castration : tout ça s'est fait lentement, combien lentement, au point que ces carrefours essentiels ont pu passer inaperçus. Mais cet inaperçu, ces glissements angoissants sont au cours du travail de la passe dits, dits aux passeurs, et d'être dits, ils vous reviennent, et en pleine figure : l'information investit l'informateur. Le long travail fait dans l'analyse, d'être dit dans la passe, est désigné, précisé et prend corps : c'est là qu'il devient ineffaçable, irréversible. L'analyse était manuscrite, la passe l'imprime.

La passe n'est pas le bouclage d'une analyse, ce n'est pas une sorte d'examen terminal, un contrôle visant l'analyse écoulée pour l'authentifier : c'est l'essentiel de l'analyse, c'est le pas suivant au delà du travail fait sur le divan. C'est l'achèvement permis par l'analyse qui a été faite : son rôle, à cette analyse, son importance aura été de conduire l'analysant jusqu'à ce point : d'être dans la passe. L'analyse est le long parcours qui prépare à la passe : la passe, c'est la récompense. C'est une nouvelle aventure après le ron-ron du divan, ce sont de nouveaux partenaires après l'analyste enfoui dans son fauteuil.

Bref, la passe, ça décoiffe !

Le deuxième aspect de l'apport de la passe, celui auquel son fondateur Lacan tenait tellement, est celui de l'enseignement apporté.

Je ne vais pas vous parler de cet enseignement à attendre de la passe, de son apport à l'institution, de son échec passé. Je voudrais seulement vous dire ce qui m'en est apparu.

C'est que l'échec de l'enseignement de la passe au sein de l'Ecole où elle avait été instituée nous a déjà montré quelque chose d'essentiel : c'est que nous n'avons aucun critère de définition de l'analyse et de l'analyste : rien d'autre que la définition par l'usage. Il semble pourtant que la théorie analytique aurait dû commencer par là.

Le travail fait dans la passe et concernant directement ce problème nous donne une chance de répondre un jour à ces questions : qu'est-ce que l'analyse, qu'est-ce qu'un analyste ? A ce moment là, il deviendra possible et légitime pour une institution de nommer un candidat en le désignant : Analyste.

Si la passe a permis à l'analysant de devenir *autre*, elle doit permettre à l'institution de devenir elle aussi *autre*...

Est-ce dire que c'est vis-à-vis de l'institution, de l'enseignement que la passe doit être considérée comme ayant le plus de poids ? Est-ce à l'enseignement apporté que le jury doit répondre oui ou non, plutôt qu'au savoir du candidat lui-même ?

Il semble plutôt que si l'analyse apporte un savoir sur l'inconscient - avec la guérison de surcroît - la passe apporte un savoir sur l'analyse - avec un enseignement de surcroît.

LA PASSE : INQUIETUDE, 1988

Je suis reconnaissante à Claude Conté d'avoir osé appeler un chat un chat au sujet de l'horreur à laquelle l'analyste - et l'analyste seul - se trouve confronté. L'ayant rencontrée clairement à l'écoute de l'analyse des analyses rapportées à la passe, je gardais vis-à-vis d'elle, et bien qu'en fin de carrière, des pudeurs de jeune fille.

Ce à quoi on se trouve confronté au détour d'une phase d'analyse rapportée au cours d'une passe, c'est précisément l'horreur, l'innommable, le réel selon Lacan, au delà encore de l'inimaginable de la mort.

Déjà dénoyautée de ses masques au cours de l'analyse, l'horreur à découvrir au fond de l'inconscient humain se trouve isolée et éclairée abruptement dans la passe et celui qui écoute et l'entend s'y trouve confronté sans l'abri habituel du langage et du savoir-vivre qui, Dieu merci, met tout un chacun à l'abri de cette découverte.

C'est déjà ça qui m'avait révoltée il y a deux ans et que j'avais qualifié d'obscène, l'attribuant non au fond que l'on ne peut modifier, mais à la forme dont j'ai clamé l'inadéquation.

Cette horreur à découvrir, la passe première manière, celle de l'Ecole Freudienne, a buté dessus, protégée par l'Institution de la passe telle qu'elle était établie. On a d'emblée voulu aller plus loin en modifiant la procédure, en diminuant son efficience institutionnelle - par la suppression de la nomination conséquente par exemple. Depuis que le «oui» et le «non» d'un jury sont éloignés des préoccupations des auditeurs, ceux-là déjà peuvent entendre plus loin.

Aurons-nous le courage de continuer, d'aller plus loin encore, au delà des préoccupations institutionnelles, pour accepter d'entendre ce qui fait le fond de l'humain, ce qui est le but même de la psychanalyse freudienne et qui serait - avec sa raison d'être - la réussite de la recherche spécifique que peut être la passe ?

LA PASSE, MAINTENANT, 1990

En 1984, c'était clair, c'était net, de la passe, nous attendions tous un enseignement. Un enseignement sur la psychanalyse. Estimant que l'échec dénoncé plus tôt était en grande part dû aux erreurs des commencements, nous avions apporté quelques aménagements - comme l'écoute séparée des passeurs, par exemple, et c'était un bon aménagement.

Ce qui pour Lacan avait fait échec de la passe, c'était un échec de son enseignement : il avait institué la passe comme interlocuteur et il en attendait un dialogue confortant. Mais la passe ne lui a rien répondu, à lui Lacan, et à ses assertions.

Pour ceux qui avaient participé à ce travail, ils restaient néanmoins persuadés que si la passe ne répondait pas à Lacan, elle n'en avait pas moins, quant à elle, beaucoup à dire.

Pas où Lacan l'avait en vain attendue, mais ailleurs, dans un ailleurs où il était impératif de se trouver pour l'entendre.

Car son discours, quand on a la fortune de l'entendre, est un discours de la structure même du discours analytique, avec un S1 comme résultat, un signifiant-maître et sa suite prévisible : l'effet qui s'y propage n'est pas de communication - par la parole - mais de déplacement du discours. A ce changement de discours, chacun est sensible, et l'entendre nous assure que dans une passe, nous y sommes bien.

Mais voilà : quoiqu'ils en aient, les gens réunis sous la bannière de la passe, est-ce bien du discours analytique qu'ils viennent chercher ?

Les candidats - à eux la première place, puisque cette place de candidat ils ont fait l'acte d'y aller - que viennent-ils chercher ? Ils espèrent y trouver, par exemple, un témoignage sinon public du moins pluriel de la fin de leur analyse. Un bouclage, une attestation de fin d'études. Ils rapportent à leurs passeurs, en double puisqu'ils ont deux auditeurs à convaincre, et convaincre n'a rien d'analytique, ils rapportent tout ce qu'ils savent se rapporter à leur cure : comment et pourquoi ils sont entrés en analyse, avec qui et pourquoi, l'où et le comment de leur transfert, les rêves qui ont fait illustration, les interprétations qui ont fait bascule, le tout par deux fois avec une identité d'autant plus grande que l'aspect documentaire est plus respecté. En Schéhérazade redupliquée ils ne créent aucun changement de discours, au mieux un fruit du discours universitaire, un «astudé» disait Lacan, donc un étudiant diplômé - et c'était bien là le but poursuivi.

L'éventualité ci-dessus décrite est caricaturale, le désolant est que des variantes plus ou moins édulcorées ont été maintes fois entendues.

D'autres, beaucoup, viennent essayer de cueillir une reconnaissance, dans le style «quelle qu'ait été son analyse - donc documentation superflue - il en a vraiment fait une». Et de se faire valoir avec discrétion et astuce jusqu'à n'avoir plus qu'à faire un pas en avant pour vraiment sortir du rang, recevoir l'accolade et la médaille souhaitée. Il aura créé, de son discours de structure hystérique, le Maître dont il avait besoin, et celui-ci y trouvera à son tour le «a», un tout petit plus-de-jouir dont il est friand. Car si les candidats font problème assez souvent, il faut convenir que dans la passe telle qu'elle est maintenant, et telle d'ailleurs qu'elle était auparavant, le poids du rôle du jury est encombrant.

Mais revenons à l'élément essentiel, le candidat à la passe, origine et base de tout ce travail.

On peut se proposer à cette passe par curiosité, ce qui peut être un bon départ, et même par goût du risque puisque le bruit a couru qu'il y en avait, on peut le faire pour se distinguer et surtout pour monter en grade - ce qui est une séquelle de la nomination voulue par Lacan.

Comment faire accepter que ce travail supplémentaire, ces soirées soustraites à la vie privée, n'ajoutent aucun galon, n'ornent d'aucune fourragère, n'attribue aucun indice d'augmentation au tarif des séances ? Ni contrôle, ni agrégation, il ne s'agit que d'un nouveau champ d'étude.

Le passeur, lui, n'a pas choisi sa place, puisque c'est son analyste qui l'y a désigné - il ne l'a pas choisie, mais il l'a acceptée. Si cette place ne lui convient pas, si dans la passe il n'y était pas, si au changement de discours il ne peut se résoudre, il s'agit là d'une erreur d'appréciation de son analyste : il cherchera alors à comprendre le désir du candidat, le désir du jury et tendra de bonne foi à donner satisfaction à tout le monde. On n'entendra pas de discours de l'analyse, rien de la passe, puisque celle-ci lui passera bien au-dessus des oreilles, comme le fait une intempestive interprétation du transfert, de toute façon, le danger ne sera que celui d'une perte de temps. Par contre, s'il est le moins du monde ému ou dérangé dans ses confortations habituelles, c'est que la passe le concernait bien.

Une chose reste vraie, qui avait été rapportée au Congrès de Lille de 1982 - et dite même avant, à Deauville - et c'est la nécessité de l'innocence du passeur qui aborde ce travail, sa totale ingénuité lorsqu'il rencontre pour la première fois le candidat que le sort lui a désigné. Une passe ou deux suffisent à ce que son ignorance quant à la procédure qui lui est proposée se transforme en professionnalisme : il se retrouve alors en position de porter un jugement, involontaire, spontané : il est devenu pro.

Pour que le dialogue passant-passeur, puis le rapport passeur-jury garde la spontanéité et la sincérité du discours analytique, qu'on se retrouve véritablement dans un discours de la passe, la référence à l'institution doit être entièrement rejetée, nulle et non avenue.

Quant aux membres du jury, ils ne sont pas là de leur simple volonté, ils n'ont pas non plus été désignés par un analyste, compétent mais faillible : ils ont été élus par les membres de l'Assemblée, sur candidature libre de leur part.

La question est : sur quoi se fondent les membres consultés pour établir leur vote ? Où trouvent-ils les arguments qui leur feront décider de toute bonne foi que Untel ou Unetelle seront parfaitement à leur place dans un jury de passe, tout à fait habilités à entendre la position d'un autre vis-à-vis du discours de l'analyse ?

N'est-ce pas là que se centre la fragilité de ce cursus : ils ne se fondent sur rien de certain, contrôlable, mesurable - ils se fondent sur le sentiment qu'ils en ont. Et sur quoi se fonde le sentiment qu'un membre de l'Assemblée porte à un candidat ? Il peut le connaître, évidemment, et lui vouloir du bien. Pour la même raison, il peut lui vouloir du mal. S'il ne le connaît pas, il ne peut se fonder que sur une apparence : le candidat lui est sympathique ou non. S'il est perfectionniste, il se renseigne auprès de ses collègues, et il pourra alors collationner les divers sentiments des divers autres consultés : est-ce que la somme de plusieurs à-peu-près est plus solide qu'un seul ?

Ramener la responsabilité d'une désignation de membre du jury à un groupe cooptatif, à une commission des études, audelà de l'irritation qu'elle engendrerait dans notre institution qui s'est toujours tenue d'être démocratique, apporterait-elle en fin de compte une garantie plus sérieuse ? Ou nous contenterons-nous de laisser la place à la voix du hasard, comme l'avait voulu Lacan pour le choix que fait le candidat à la passe de ses deux passeurs dont il tire les noms à l'aveuglette dans un chapeau ?

N'est-ce pas là que se situe le travail le plus urgent et le plus impératif proposé à l'institution : mettre au point une procédure de constitution des jurys qui s'éloignerait davantage des jeux télévisés ?

Car le rôle d'un jury est essentiel.

A l'entendre, si dans tout ce qui est dit ou tu, c'est bien de discours analytique qu'il s'agit - et non d'un récit, ou d'un réquisitoire, ou d'une revendication, voire d'une légende - si c'est bien du discours analytique, il est passé du candidat au passeur et du passeur au jury : et le jury n'a à apporter ni jugement de valeur ni étiquette nosologique.

Tout ce qui doit en sortir, c'est un signifiant maître, c'est l'attestation d'un changement de discours - et non un jugement, quel qu'il soit.

C'est pour cela que le petit vote conclusif à bulletin secret, remontant à l'Ecole freudienne, a bel et bien été supprimé dans notre institution, tant cette notion de jugement d'un seul par un groupe nous était apparue obscène - et sans rapport aucun avec la recherche poursuivie dans la passe. Les membres du jury ne se sentant plus contraints à voter quelque chose d'appréciatif ont pu se sentir plus analystes que juges - encore qu'il y en ait, bien sûr, qui auraient préféré user du pouvoir de juger.

Enfin nous avons institué, sur une proposition d'André Rondepierre, une nouveauté vis-à-vis de la passe ancienne : le rôle ajouté d'un «rapporteur», témoin muet des dialogues passeur-jury, qui devra porter au coordonnant, étranger, lui, à tous les débats, ce qu'il a perçu et du candidat à travers le dire des passeurs, et du jury à travers les discussions qui auront suivi.

Désirs des uns, désirs des autres, cadavres cachés dans des placards, désir du jury - il s'entend lui aussi - d'être caressé dans le sens du poil : sans jugement, sans nosologie - donc sans discours du Maître - ce qui était scellé apparaît là, entre celui qui a tout entendu mais n'a jamais rien dit et celui qui en entend parler pour la première fois.

Quand on a eu la chance de tenir une fois ce rôle privilégié, on garde le souvenir de s'être trouvé une fois - et une seule fois mérite largement le dérangement - au lieu où cette ultime confrontation soulève le couvercle du puits.

Mais encore faut-il que le trajet en retour soit possible, sinon il n'y en aura que deux qui auront pu jeter un coup d'oeil dans le puits : il faut donc que les membres du jury acceptent de se pencher au-dessus de la margelle de ce puits désigné par le rapporteur - et d'aucuns n'y tiendront vraiment pas.

Devant la complexité de l'état des lieux actuellement, on sera naturellement tenté de conclure : beaucoup de bruit pour rien.

Rien, certes non.

Insuffisamment, certes oui.

Mais si nous avons là un outil dont nous nous servons mal, c'est tout de même le seul que nous ayons qui nous permette de croire à un au-delà dans la connaissance.

Alors, à qui la faute, la question reste posée :

Pas à l'institution même de la passe : qu'elle n'ait qu'une fois, une seule, apporté une lumière, une vérité jusqu'alors scellée, prouve sa fécondité, même si nous l'exploitons mal.

Au candidat ? Ce n'est que dans l'après-coup du travail fourni qu'il pourra appréhender le bien-fondé ou l'erreur de sa candidature. Souvent il s'aperçoit là qu'il jouait à autre chose.

Aux passeurs ? Il est vrai qu'on a entendu des passeurs qui se sont maintenus hors du champ. Mais le travail des passeurs est certainement le moins décevant, et certainement parce que c'est pour lui qu'il y a le moins d'enjeu personnel.

Le jury, alors ? Là, le problème est posé : quoiqu'il en ait, il est visiblement concerné. Chaque membre du jury ne peut s'empêcher d'entendre, au-delà du discours rapporté du candidat, ce qui le ramène à ses propres phantasmes, à ses propres conflits, à sa propre structure. Déjà heureusement désamorcé par la suppression du vote qualitatif qu'on attendait de lui auparavant, il reste trop pris dans ses propres signifiants pour se contenter d'écouter passer.

Il semble que la passe n'apportera les lumières que Lacan lui demandait et que nous attendons encore que lorsque candidats, passeurs, membres du jury n'auront d'autres soucis que d'y prêter l'oreille et d'oser regarder ce qui se cache dans le noir. Nous tous, on veut bien, mais on a tous d'autres soucis que d'oser et de risquer des déconvenues.

Autrement dit, les gens qui disent - et qui pensent - se consacrer à la passe, ne seront effectifs que lorsqu'ils seront suffisamment engagés dans leur propre castration pour oser l'audace d'une abnégation.

V

SON ROLE
SANS CONCURRENCE
PENDANT LE COMA

COMA ET RETOUR

Il va s'agir ici d'une psychanalyste - ou supposée telle - demeurée 47 jours dans un coma profond, alimentée par des tuyauteries compliquées, oxygénée par un respirateur branché directement dans la trachée artère, reliée par des fils et des tubes à des appareils multiples contrôlant et réglant les fonctions organiques. La vie a été maintenue, le cerveau n'a cessé de manifester sa présence active par des tracés suivis. Dans le même temps des chirurgiens acharnés ont réalisé quinze interventions opératoires, toujours contrôlant le maintien de la vie.

Puis un beau jour, après plus d'un mois et demi, cette malade a ouvert les yeux, confuse mais sans souffrance.

Premier point : un merci complet et sans fioritures aux chirurgiens et aux services de réanimation - j'adresse ce merci puisque cette malade, c'était moi, ce qui va me contraindre à poursuivre cet exposé à la première personne.

Deuxième point : qu'a pu voir, entendre, ressentir, penser une psychanalyste pendant 47 jours d'une vie parallèle ?

Car, et c'est là ce pourquoi j'ai tenu à rédiger les souvenirs de ce voyage hors de la vie telle qu'on la connaît, ces 47 jours de coma ont été une tranche de vie, comme on le dit d'un roman, avec ses péripéties, ses épisodes, ses suites et ses rechutes, le tout soutenu d'une préoccupation unique dans le champ d'un seul inconscient.

Unité de lieu, donc, et unité de temps puisque l'inconscient l'ignore : première approche déjà d'une «inquiétante étrangeté». Il ne s'est pas agi de sommeil, avec ou sans rêve, pas plus que d'une mort transitoire : dans cette confrontation avec son propre inconscient, si la notion de temps est effacée, celle de mort l'est aussi - aussi bien la sienne que celle des autres : si la mort est parfaitement inimaginable, ce qui fait d'elle la quintessence du réel, son concept même est refusé par l'inconscient : il n'y en est même pas question.

Pendant ces 47 jours de solitude organique, avec son inconscient comme seul cadre et comme seul partenaire, s'est en fait déroulée une véritable vie, avec des joies, des bonnes et des mauvaises surprises, des événements multiples et apparemment cohérents qui ont rendu difficile la réinsertion dans la vie de la réalité coutumière : car après tout la question se posait au réveil - où était la vraie vie, où était la réalité ? Il a fallu petit à petit admettre cet alitement dans un hôpital parisien, avec une complète paralysie motrice et des souvenirs qui en vérité n'en étaient pas. Car le passage d'une vie à l'autre s'est fait à l'aller comme au retour par la persistance d'une séquence transitionnelle, passant, mal maquillée, de l'une à l'autre : d'où un état confusionnel qui eût rendu le rétablissement impossible sans la présence patiente d'amis qui se relayaient pour montrer le chemin.

En tentant d'éviter ce qui peut être autoanalyse, il faudrait essayer de tirer de cette longue expérience ce qui peut aller dans le sens d'un regard sur l'inconscient : un être humain, au centre de la toile d'araignée de ses tubes, ses fils, ses conduits et ses flacons, totalement inerte, sourd, aveugle et muet, s'il a une activité intellectuelle, elle ne peut être qu'en regard et en réponse à son propre inconscient - et à rien d'autre.

Avec néanmoins un point de vue moins analytique que chirurgical éclairé par l'affaire en question : que l'information passe pourtant de la réalité hospitalière quotidienne à la créature inerme écrasée d'impuissance au fond d'un petit lit.

Il y a là deux catégories d'éléments différentes : - ce qu'il en est de la perception malgré le coma, ce qui intéresse médecins et chirurgiens plutôt que les analystes, - et cette activité de pensée en milieu clos d'un sujet dont le seul interlocuteur est son propre inconscient, ce qui est un champ tout spécialement propre à l'analyste.

La précision attendue tout de suite : attention, la frontière n'est pas fermée, des perceptions passent que le sujet insère «à sa manière» dans le champ de l'inconscient : «à sa manière» veut dire très précisément selon la syntaxe propre à l'inconscient : par condensation ou substitution, par métaphore ou par métonymie.

Donc, ce n'est pas si simple, avec les phénomènes perceptifs d'un côté, la toute-puissance de l'inconscient de l'autre. Si le sujet insère «à sa manière» les perceptions inexplicablement reçues, cet « à sa manière» implique, au delà de la forme que nous venons de voir, le fond qui rassemblait l'ensemble de ses préoccupations d'avant l'accident, quand imaginaire, symbolique et réel se partageaient un terrain maintenant obturé : insérées «à la manière de l'inconscient», elles deviennent des illustrations parlantes - signifiantes -. Des exemples vont suivre qui prouveront que ce n'est pas là bavardage.

Car, et c'est là le primordial de l'affaire : si l'analyste a le privilège d'être par sa formation à même d'entendre de temps en temps - et pas si souvent que ça - à l'écoute de ses patients, ce que Lacan appelait «les cristaux langagiers», les brutales découvertes provoquées par un signifiant, alors un analyste dans le coma, qui n'entend rien d'un discours extérieur à lui, est confronté, tout entier et nu, aux chaînes signifiantes de son propre inconscient.

Si l'analyse nous a vite impliqué à prendre comme argent comptant les quelques rares et précieuses manifestations langagières de l'inconscient, une expérience comme celle-ci apporte le témoignage que ce travail de l'inconscient, cette gymnastique langagière des signifiants est constante, incessante, soutenant la vie heure après heure, dans la totale indifférence de la totale méconnaissance de son rôle.

Mais revenons au coma et à la première question qu'il pose, tant aux chirurgiens qu'aux analystes : y a-t-il ou non perception de la réalité ? Si oui, elle se transmet par quelle voie et sa réception se fait où ?

Ce qui va suivre fait logiquement éliminer la réponse négative à la première question : y a-t-il perception ? Non seulement il y a bien perception, mais encore il apparaît que cette perception est constante : il ne se passe en fait rien autour et au sujet du malade inanimé qui ne l'atteigne - mais comment ? Dans une autre langue que celle usuelle des organes sensoriels : son inconscient est tenu au courant de tout se qui se passe et est capable de le représenter avec son langage propre, que nous avons évoqué tout à l'heure, par l'usage de signifiants a priori, qu'une analyse un peu pointue pourrait ramener à une logique plus habituelle.

Ces signifiants viennent apporter de petites lumières surprenantes et on peut voir, de ses yeux voir, s'éclairer les uns après les autres, avec l'humour habituel à l'inconscient, toute une série de lampions farceurs.

J'ai ainsi le souvenir très net d'une séquence qui illustre au sens propre du mot - qui met en image - la transition d'une perception réelle, reconnue dans les heures qui ont précédé le coma, et qui a perduré pendant toute la période d'inconscience, reconnue pour ce qu'elle était malgré la représentation baroque qu'elle a revêtue.

Durant les dernières heures vigiles, j'étais couchée sous surveillance constante, car les médecins redoutaient ce qui allait suivre. Aussi mon bras droit était-il serré dans un brassard à tension artérielle qui se gonflait automatiquement à intervalles réguliers pour aller en inscrire les chiffres quelque part. J'avais remarqué cette installation et qu'il était inutile d'en avoir peur : la pression cessait dès qu'elle commençait à devenir intolérable.

De là j'ai glissé dans le coma où je me suis retrouvée avec une plante verte greffée sur le bras droit - et je savais parfaitement ce qu'il en était : c'était pour permettre à mes invisibles geôliers de surveiller ma tension : cette plante verte, qui me faisait un peu peur mais pour qui je ressentais pourtant une certaine tendresse car elle m'était propre dans ce monde inaffectif, était en fait une cactée phallique du vert improbable des coeurs de laitue. Tout en me personnalisant, elle représentait mon impuissance et ma dépendance à une entité qui me surveillait sans se montrer jamais et qui en me surveillant, contrôlait ma santé : ambivalence d'une puissance anonyme, qui me soignait en m'ignorant.

Après l'apparition de cette cactée fugacement douloureuse présentifiant ma dépendance nouvelle comme la brûlure sur la cuisse d'un veau, illustrant la transition d'un lit d'hôpital à un univers carcéral, voici un premier exemple de la transmission d'une information, sans jeu de signifiant, celui-ci - et convenons-en, sans trace d'humour - avec, au contraire un aspect global, massif : ce n'est pas un lampion qui clignote, c'est une lampe à arc qui s'allume, et ce par un travail rétroactif. Dès mon réveil, dès l'acceptation que je n'étais qu'une malade infirme dans un lit d'hôpital, un très ancien souvenir s'est imposé : celui d'une toute jeune fille morte à Laennec, alors que jeune étudiante, j'étais externe dans le service de chirurgie de cet hôpital. J'ai été étonnée de revoir si nettement cette chambre, la table de nuit avec un bouquet et le lit énorme, la literie soulevée par un arceau - et dedans, sa mourante silencieuse. Une fois, deux fois, trois fois l'image s'est imposée et je me questionnais : pourquoi cette jeune morte - pendant des années et des années d'hôpital, j'ai été accoutumée à la mort des autres. Mais non, on aurait dit que cette jeune fille était la seule morte que j'ai jamais connue. Je me morigénais en silence : enfin, à mon âge, je ne vais pas m'identifier à cette jeunesse !

Non, ce n'était pas identification : cette jeune morte avait quelque chose à me dire me concernant. Mais quoi ? Dans les jours qui ont suivi, après une éclipse, elle est revenue, la jeune morte de Laennec, m'apportant une série de précisions devant me faciliter la tâche de décryptage : c'est d'une fièvre typhoïde qu'elle se mourait, ses intestins transformés en millepertuis. Mieux, me revenaient des indications sur son traitement : sous sa couverture en tunnel, son ventre ouvert était bourré d'un coussin barbare destiné à éponger les liquides septiques. Et c'est là, que m'a sauté à la figure un mot oublié depuis plusieurs décennies, un signifiant d'horreur : ce coussin barbare, que certainement les jeunes chirurgiens ne connaissaient même pas, s'appelait un Mikulicz. Trente ans après, ce nom propre me revenait intact, comme m'est revenue l'horreur que m'avait inspirée ce traitement palliatif si primaire de conception. Mais ceci n'expliquait toujours pas cela : pourquoi s'imposait le souvenir de cette jeune fille mourant, le ventre ouvert bourré de compresses ? La lampe à arc ne s'est allumée que plus tard, au décours d'une visite au chirurgien : alors que déjà au seuil de sa porte, préoccupée par les commentaires qu'il venait de faire sur mon état, je me suis entendue lui demander tout de go s'il savait ce qu'avait été, il y avait fort longtemps, avant les antibiotiques, avant les perfusions, un objet horrible utilisé dans les cas désespérés : un Mikulicz. Et sa réponse a allumé la lampe à arc, elle a explicité le retour de la jeune morte oubliée, elle a donné un sens au souvenir : un peu amusé par cette question, il m'a répondu : Madame, on vous a amené ici mourante. J'ai donc ouvert, et mis un Mikulicz. Et comme je restai pétrifiée par la révélation, il a continué - chacun ses préoccupations - et ça marche, non ?

Ce que ce souvenir voulait porter au conscient, c'était un savoir qui restait niché au niveau de l'inconscient : que j'avais vécu cette horreur. Il ne m'avait pas ménagé les lampions : une jeune mourante à Laennec, une typhoïde détruisant un intestin, un pansement désespéré. Mais rien ne passait, parce que mon conscient se refusait fermement à admettre la vérité : lui non plus, bien sûr, ne voulait rien savoir, savoir que j'avais été aussi pitoyable que cette jeune morte au ventre ouvert, que cette horreur, elle avait été mienne.

Je ne l'ai su que quand l'opérateur lui-même me l'a dit : ça, c'est le champ du savoir su, transmissible. Alors que mon inconscient l'a su d'emblée, comme insensible à la peur et à la pudeur. Ce fait que je me refusais à admettre, malgré tous les signes qui m'étaient adressés, malgré la girandole de lampions qui auraient dû m'éclairer le chemin, ce fait était parfaitement entériné par le savoir de l'inconscient, non transitivement transmissible, celui-là.

Mais le problème reste : comment l'a-t-il su ? Lorsque la chose a été faite, j'étais dans le coma, sourde, aveugle et insensible. Au moment d'opérer, le chirurgien en a forcément dit quelque chose : mais j'étais sourde - faut-il admettre que l'inconscient ne l'était pas ? Ou alors que tout fonctionne sauf la mémorisation au niveau conscient ?

C'est là le témoignage d'un savoir de l'inconscient refusé par le conscient, illustrant une fois de plus l'adage de Lacan comme quoi la passion humaine la plus ferme est l'ignorance.

Mais bien des souvenirs de ce coma viennent illustrer ce rapport à la réalité : une perception constante qui reste méconnue sauf à ce qu'on se donne la peine d'en interpréter les signifiants. La souffrance devient persécution, non au sens psychiatrique du mot, mais au sens politique. Ce que l'histoire ne veut pas dire, c'est le pourquoi de cette persécution, lorsque l'on est seul immergé dans l'univers de son inconscient : pourquoi étais-je prisonnière et de qui ? Faut-il invoquer un Surmoi à la Ceaucescu ? Tout se passe plutôt comme dans un film de Costa-Gavras : un sujet qui ne comprend pas pourquoi un pouvoir imprécisable et tout puissant le manipule après l'avoir caché derrière des lunettes noires.

Paradoxalement, ce n'était pas ma vie qui était en danger dans cette région contiguë à la mort où j'évoluais - puisque l'inconscient lui aussi se refusait à une vérité, celle de la mort - mais ma liberté, mon autonomie : sans mouvement, j'étais à la merci d'une équipe qui me maintenait dans une totale dépendance, ma plante verte sur le bras. Evidemment il y a de la réalité dans cette dépendance, puisque dans la réalité cette dépendance s'acharnait à me sauver la vie. Mais dans cette curieuse coenesthésie de surveillance politique, il y a bien la perception d'une *Umwelt* totalement faussée pour un médecin qui a travaillé en milieu hospitalier pendant des décennies et que voilà alité dans un service rigide de réanimation.

La faim, par exemple, perception pourtant bien pleine de réalité, venait me déranger parfois dans mon goulag verdâtre - verdâtre n'est pas non plus un hasard : ce vert clair, celui de la plante verte qui me désignait, était la couleur des vêtements portés dans le service de réanimation. La faim me dérangeait parfois, elle ne m'a jamais vraiment fait souffrir. J'avais bien remarqué que je ne mangeais jamais et j'en concevais de l'admiration pour ces geôliers qui avaient de manière inconnue supprimé le problème de l'alimentation de leurs prisonniers. J'en faisais pourtant parfois la remarque aux gens affairés qui m'entouraient et j'abordais le problème sans oser revendiquer clairement mais sur le ton de la plaisanterie, dans le genre «Alors c'est comme à Sébastopol, ici, on ne prend rien !», ce qui ne faisait rire personne et restait sans effet. Quelque chose comme «La plaisanterie» de Kundera : l'humour contre le pouvoir.

Un jour, pourtant, j'ai eu faim et m'en suis plainte à deux hommes qui s'activaient dans mon voisinage. Tout deux noirs, vêtus de vert clair qui ont paru surpris et contrariés : «Elle a faim». Ces deux hommes ont peuplé toute ma vie parallèle, ils en ont été les deux piliers à des titres divers selon les séquences, toujours dévoués à leur manière, c'est-à-dire sans jamais tenir compte de ce que je disais. Leur présence assidue est une transcription de la réalité, où je les ai retrouvés et reconnus dès mon réveil : l'un assez petit, rond, gai, l'autre d'une ethnie très différente, long, mince, d'une distinction plus silencieuse, avec un petit calot blanc sur l'occiput : tout deux sont les infirmiers du service de réanimation qui veillaient sur mon souffle de vie.

Comment peuplaient-ils mon inconscient, ces deux-là très précisément puisque je ne les avais jamais vus ? Comment intervenaient-ils dans cette vie parallèle comme amis, comme partenaires de travail alors qu'en réalité ils s'acquittaient de leur tâche en s'affairant autour de ce qui restait de ma personne aveugle et sourde ? Mais le fait est là de cette duplication, et on comprendra mieux que lorsque la première lueur de raison m'est revenue, leur présence paradoxalement reconnue m'ait plongée dans un état heureusement transitoire de confusion.

Pour en revenir à ma faim qui les avait contrariés, ils m'ont gentiment demandé ce qui me ferait plaisir - comme quoi, au-delà de la distance maintenue entre nous, je les percevais comme aimables. Je ne me voulais pas exigeante, et désignant les fours encastrés dans un mur : «Faites-moi donc chauffer un croque-monsieur, ça suffira». Et c'est parti : ils disparaissent et reviennent en un clin d'oeil, poussant un chariot à pansements, rapidement ils m'empoignent, m'enfilent avec des pinces-longuettes des mètres de méches dans les narines - et j'ai conservé une fracture de l'arète du nez - contiennent mes étouffements et mes nausées, déroulent les longues méches et me délivrent satisfaits. Alors qu'ils s'éloignent avec leur chariot, je proteste : «Et mon croque-monsieur ?». Ils reviennent derechef avec ce commentaire : «Elle a encore faim», me réempoignent, me rebourrent les narines et j'abandonne, épuisée : laissez tomber, ça va comme ça. Mais au-delà de la déception, ce que je ressens très clairement, c'est la satiété. Il y a donc là une mise en scène qui déforme la réalité, mais qui lui est fidèlement parallèle : ils avaient fait le nécessaire pour apaiser la faim. Dans cette intervention de leur part, comme dans toutes celles que j'ai vécues, transformées, déplacées - métaphoriques - j'ai toujours perçu ces deux noirs vêtus de vert, l'un pléthorique, l'autre longiligne comme efficaces, voire gentils, mais ne me considérant jamais vraiment comme un être humain à part entière : ce qui était bien la transposition sur un plan affectif de la triste vérité.

Une autre perception étonnante : celle, progressive, de la détérioration de la motricité, puisque ce coma, dit flasque, m'avait changée en gisante - pratiquement en paraplégique. Voici dans quelles circonstances cette information a été vécue, venant de loin : j'avais acheté une superbe maison ancienne, avec portraits d'ancêtres, voilages de coton blanc, meubles Charles X en bois cirés doux et luisants, avec de gros fourneaux de fonte et de vastes cheminées. Je ne donne pas tous ces détails pour noyer le poisson mais bien pour montrer la richesse imaginative d'une pensée qu'on était en droit de croire sinon morte, du moins momentanément anéantie. J'avais bien remarqué une discordance regrettable : quelques portes modernes, plates et laquées bleu marine. Celles-là étaient passées directement de la réalité à la fiction : ce sont celles, reconnues dans l'après-coup, de la consultation de chirurgie. Dans cette honorable maison, je bénéficiais de l'estime des notables du pays, qui trouvaient d'ailleurs que cette plante verte - une hellébore, disaient-ils - qui ornait toujours mes toilettes était du meilleur effet. Ils me reprochaient gentiment certaines de mes fréquentations : en particulier ces deux noirs qui ne me quittaient jamais. Il est vrai que j'avais monté avec eux et certains de leurs amis un petit commerce hors du commun : ils importaient de dieu sait où un grigri radical contre les suffocations. Nous vivions ensemble dans cette belle maison entachée de portes bleues marines et j'attendais d'eux qu'ils m'aident. Ainsi un jour que je n'avais pas eu le temps de préparer ma soupe qui normalement devait rester chaude sur le gros fourneau, j'ai demandé au noir vêtu de vert comme à l'accoutumée, celui pléthorique et familier, de bien vouloir me confectionner rapidement une soupe. Comme dans la séquence du croque-monsieur, il s'est montré prêt à me donner satisfaction et est parti immédiatement me préparer un potage - que je n'ai pas aimé : une soupe à la vanille. Comme quoi on ne se croit pas raciste, néanmoins on tombe sur une petite différence mal tolérée. Mais revenons à cette maison où je rentrais chaque soir de ma journée de travail - lequel et où ne sont pas précisés. J'avais plaisir, alors, à aller siroter un verre dans un immense fauteuil : mon fauteuil d'analyste qui a ainsi traversé la frontière d'un monde à l'autre, en changeant pourtant de couleur : de vert foncé, il est devenu lui aussi bleu-marine, du bleu du fauteuil de ma chambre d'hôpital.

Or, un soir, j'ai eu du mal à rejoindre mon fauteuil.

Un autre soir, je me suis rendue compte qu'il me fallait m'appuyer aux murs et aux meubles pour arriver jusqu'à lui, tant mes jambes étaient devenues molles et mes genoux tremblants. Les choses se sont aggravées assez vite pour que je mette au point un subterfuge - parce qu'enfin, mes commensaux sur les bras desquels je comptais étaient toujours trop occupés pour me venir en aide : j'avais installé dans l'entrée une table roulante et je m'appuyais dessus pour aller jusqu'au fauteuil. Et tout s'est bien passé, jusqu'au jour où, du fond de cet immense fauteuil, j'ai compris que je ne pouvais plus me relever et en sortir : c'est le seul moment où le sentiment ressenti a été d'angoisse profonde - et j'ai hurlé. Depuis ce hurlement, je n'ai plus jamais revu le fauteuil : cette séquence de prise de conscience a été définitivement exclue, probablement car trop pénible. Je n'ai plus jamais revu ce fauteuil et je n'ai plus jamais eu peur de cette paralysie des jambes. Mon inconscient, au lieu d'éclairer quelques lampions indicatifs, avait tout bêtement mis en scène une réalité que je ne pouvais percevoir dans le coma : que mes jambes ne fonctionnaient plus du tout. Comment le savait-il, et pourquoi me l'avoir fait savoir avec cette brutalité ?

A mon réveil, à mon retour à la réalité, si j'ai eu beaucoup à souffrir de la totale dépendance à laquelle cette infirmité me condamnait, ce n'est par contre qu'avec une paradoxale indifférence que je considérais l'atrophie et la paralysie de mes jambes dont on m'avait dit - je ne savais ni qui ni quand - que je guérirais. Toute l'angoisse que peut ressentir quelqu'un qui se découvre paraplégique avait été vidée d'un seul coup, avec un hurlement, dans cet espèce de vidéoclip où je m'étais vue dans mon vaste fauteuil, impuissante à en sortir. Donc, dans la réalité retrouvée, aucune angoisse au sujet de ma paralysie, mais par contre une angoisse violente restée accrochée au fauteuil. Comme tout malade dans mon état, j'étais tenue de quitter mon lit dès le réveil et de «faire du fauteuil». Les infirmières me soulevaient et m'y portaient : immédiatement l'angoisse apparaissait, progressive : je tremblais, suffoquais et sanglotais de la manière la plus dramatique, implorant pitié, suppliant qu'on me sorte de là. En vain, évidemment. Même impuissance que dans la séquence du coma, même sentiment insupportable de castration, revigoré de plus par les infirmières qui, vigiles, elles, me rabrouaient vertement. La fatigue entraînée par cette angoisse réitérée chaque jour, renaissant chaque matin après un sommeil pourtant bienfaisant me mit derrière un rideau de larmes dans un état dépressif médicalement traité par le médecin du service qui ajouta : «foutez-lui la paix avec son fauteuil». La paralysie motrice qui aurait dû m'épouvanter, après une vie de sportive, était avec évidence remplacée par ce meuble où l'inconscient m'avait située pour me faire sa sinistre révélation : remplacer un objet par le lieu qui le situe est bien une définition de la métonymie. Et quel lieu ! Avoir choisi un fauteuil pour terroriser une psychanalyste malade, c'est bien dire que si l'humour est une dimension constante de l'inconscient il peut se payer le luxe de le choisir noir.

Néanmoins, un des moments inoubliables de ma vie lui revient : celui où, après plusieurs semaines de rééducation, j'ai pu, les dents serrées, me mettre debout toute seule, devant le fauteuil. J'en ai ri de tous mes poumons fripés, titubante mais victorieuse, ri de la joie à sortir de l'enfer, celle du malheureux opprimé qui a trouvé la force de se relever pour défier ses tyrans.

Un autre type de souffrance a été illustré pendant cette vie seconde, une souffrance passant de la vie première, et encore une fois avec une mise en scène riche d'images et d'inventions : là où le langage est exclu, il faut un appareillage scénique très complexe pour dire ce qu'une phrase aurait exprimé.

Sans parler vraiment d'asphyxie, un sentiment très pénible m'assaillait parfois : je respirais insuffisamment, je me sentais manquer d'air. Je me raisonnais pour ne pas sombrer dans la panique : de l'agitation, des cris, des appels - les appels quels qu'ils soient étaient toujours vains - auraient aggravé mon oppression. Il me fallait au contraire survivre à bas bruit, sans geste, à petites respirations comptées et chaque minute gagnée était une victoire. Même aussi raisonnable, une envie psychomotrice parfois me taraudait de fuir, d'aller respirer ailleurs. Cette pulsion psychomotrice traduisait une angoisse que je calfatais difficilement. Je me suis vue ainsi transposée dans un parc superbe, en pleine nuit, éclairé par une gentilhommière illuminée d'où sortait une musique d'orchestre : les gens s'amusaient, et moi je manquais d'air : c'était raté. Ou alors un ami dévoué venait me voir et me disait des tas de choses gentilles. Il ne se rendait pas compte que je ne l'écoutais que d'une oreille, attentive à capter le moindre filet d'air qui passait par la fenêtre, faisant onduler la cantonnière de cretonne. Cette ondulation de la cantonnière bordée de franges devait rester à mes yeux le symbole de mon anoxémie. Puis un jour, enfin, je me suis franchement révoltée : j'ai quitté ma chambre, une chambre d'hôtel banale sans être misérable, pour aller m'installer d'autorité dans une autre chambre, à un autre étage. Je comptais y trouver plus d'espace, donc plus d'air, voire une salle de bain. Grisée de ma propre audace, j'envahis donc ma nouvelle chambre : hélas, elle s'avéra identique à celle que je venais de quitter, sans salle de bain, les tables couvertes de dossiers que les hommes furtifs venaient chercher, sans seulement faire attention à ma présence.

On ne m'avait pas gênée dans mon action d'éclat puisqu'elle était vouée à l'échec. Néanmoins, sans être dupe, je ressentis un vif sentiment de victoire car je respirais mieux, et je voulus souvent m'en souvenir.

Mais dans la belle demeure que j'ai évoquée, et à laquelle je pense toujours avec nostalgie, celle où trônait ce fauteuil que je n'ai plus jamais revu, j'avais organisé un petit commerce avec mes amis noirs vêtus de vert, un commerce qui alliait le côté lucratif et le côté directement utile. Ils faisaient venir, des régions lointaines dont ils étaient originaires - et j'étais l'administratrice de cette organisation d'export-import - des grigris souverains contre l'asphyxie. C'étaient des petits paillassons de bois sec et odoriférants d'environ 30 cm sur 15, chacun surmonté d'une branche de genêt fleuri. Il suffisait d'en sentir l'odeur pour respirer comme un athlète. Je me considérais comme parfaitement en droit d'en faire usage à mon profit, encore que l'un de mes deux acolytes, le plus petit et le plus râleur, m'en contestât souvent la priorité, craignant en somme qu'à moi seule je ne respire le fond de commerce commun. Il y avait souvent des contestations, j'avais quelques craintes d'être de nouveau oppressée sans remède, mais je finissais toujours par obtenir mon petit paillasson fleuri. Tous ces détails sont d'une telle vérité que j'en ai été poursuivie, comme nous allons le voir, au delà de mon réveil.

Ainsi, dans cette vie seconde, ailleurs, j'étais au courant des avatars de ma vie réelle. Que la faim, l'anoxémie soient perçues s'admet plus facilement que la perception de la progressive paralysie et, bien pire, que celle de l'horreur du Mikulicz dans le ventre. Le brassard à tension, lui, a transité d'une vie à l'autre en devenant plante verte.

Mais les gens qui peuplaient cette vie seconde ?

Essentiellement les deux infirmiers noirs, qui, dans la réalité m'assistaient quotidiennement. Des autres, je ne percevais que les effets, les ordres : il régnait une discipline aux responsables invisibles. J'ai pourtant, avec les permissions et les contrôles d'usage, eu droit à des visites. Ce qui est à remarquer, c'est que ceux qui venaient me rejoindre là-bas n'étaient pas ceux auxquels je tenais de tout mon coeur ici, mais simplement ceux qui venaient le plus souvent me visiter à l'hôpital. Et j'en étais moi-même étonnée les recevant par un «mais qu'est-ce que tu viens faire ici ?». Déjà se pointait là le sentiment qui s'étendit sur la durée de cette vie parallèle : celui de «l'inquiétante étrangeté».

Ceux que j'aimais bien, je les voyais de loin et mes appels étaient inutiles. Ils tâchaient de se renseigner auprès des autorités que moi je ne pouvais joindre de la raison de mon incarcération, de sa durée éventuelle, de ses modalités, voire de la possibilité de mon élargissement. Je criais leur noms, et, de loin, ils me faisaient un signe de la main, dans le style : attends, on revient. Et naturellement, je ne les revoyais pas, alors que leur présence m'aurait été plus agréable que leurs démarches que je devinais vaines. Ils ne revenaient pas parce qu'ils avaient appris que j'étais irrécupérable et qu'ils n'osaient ni me mentir, ni me le dire. A ceux qui venaient et revenaient, que je voyais en face - ceux qui en fait venaient tous les jours à l'hôpital - je demandais des services qu'à mon grand agacement ils étaient toujours incapables de rendre. Je demandais par exemple : «Soyez gentil d'aller prévenir Untel, je suis sûre qu'il fera le nécessaire» mais personne n'osait y aller. Mon Dieu, me disais-je, que les gens ont peu d'audace, et peu d'envergure. Ils veulent bien perdre du temps à venir, mais sont incapables de la moindre efficacité. De persécutée, je glissais sans le voir à l'état de persécutrice. Ainsi je tenais, de mon au-delà, à ce qu'on prévienne mon médecin traitant - alors que dans le même temps, mais dans ce monde-ci, il remuait ciel et terre pour me retrouver, inquiet de ma disparition subite, alors qu'il m'avait vue mal en point.

J'étais pourtant arrivée à convaincre une visiteuse assidue de tenter de lui téléphoner, enfin, et je lui donnai le numéro de téléphone de mémoire. Elle l'a noté et est partie avec, quand j'ai compris avec désespoir que le numéro transmis ne comprenait que 7 chiffres. Elle est néanmoins revenue toute tranquille, sa mission accomplie, me dire qu'il lui avait dit ci et lui avait dit ça, et qu'il allait me rappeler lui-même. C'est avec un frisson glacé que j'ai reçu cette réponse : elle n'avait eu que 7 chiffres au lieu de 8, et elle avait obtenu la communication : quelque chose n'allait pas, ou quelqu'un se moquait de moi, en tout cas la bonne marche des choses était faussée : l'inquiétante étrangeté baignait toute cette séquence. Et de fait, le médecin m'a appelée, je le voyais sur un écran : mais ce n'était pas lui - et ce n'était pas pour moi.

En somme, la réalité de la vie était passée jusqu'à moi pour me présentifier une amie qui effectivement venait me voir souvent, qui chaque fois me parlait sans cesse malgré les avertissements reçus que ses efforts étaient inutiles, et qui aurait été heureuse de me rendre service. Celui que je demandais était de son côté tout à fait raisonnable et mon médecin aurait effectivement été rassuré de la recevoir - et n'aurait pas manqué de m'aider. Mais la réalisation de ce projet que je sentais bien être raisonnable était ou inconcevable, ou concevable dans l'étrangeté : le téléphone fonctionnait avec un numéro fantaisiste, la réponse arrivait sur un écran, et ce n'était pas lui, et ce n'était pas pour moi. Entre le vraisemblable et le possible, la coupure était nette.

Une autre étrangeté m'est restée en mémoire, inquiétante aussi, mais avec moins d'intensité : plutôt une gêne. La gêne de me retrouver dans le Midi sans aucun souvenir de voyage : ni train, ni avion. Bizarre. J'avais rendez-vous dans un magasin qui faisait office à la fois de boutique de photographe tenue par le mari, alors que quelques tables dans le fond indiquaient une fonction de restauration, tenue d'autre part par l'épouse. Les plats proposés aux consommateurs avaient cette particularité d'être tous d'une belle couleur orangée et rouge, grâce à un coulis de tomate et de potiron qui était la signature de l'établissement, abondant dans le sens des couleurs joyeuses conventionnellement attribuées au Midi - et qui, après tout, me changeaient du verdâtre de mon environnement habituel. Dans le rayon photo, il m'a été impossible de ranger mon matériel : aucune étagère n'avait les dimensions conformes. Passe encore pour les omelettes rouge et or, mais une boutique de photographe ou un matériel photographique ne trouve pas sa place, voilà qui était aussi étrange qu'un coup de téléphone obtenu avec 7 chiffres.

Enfin, un dernier exemple qui, lui, m'a entraînée jusqu'à la magie des Mille et Une Nuits : je vivais avec un geôlier et son épouse. Curieuse situation triangulaire, dans une atmosphère de gaieté et de musique, mon geôlier arabe dans une grande djellaba blanche flottant au vent. Etrange geôlier, étrange situation sur laquelle j'aurais aimé recevoir quelques explications. Et comme pour répondre à cette demande, mon geôlier m'avertit que nous étions tous les trois filmés. En effet, un écran nous présenta, tous les trois, en plein vent, installés sur un tapis volant, au milieu de la musique, dominés par la djellaba blanche claquant en oriflamme. Le tapis volant ne m'inquiéta en rien, la magie m'était indifférente. C'est le comportement de l'arabe vêtu de probité candide qui me parut terriblement inquiétant : il contemplait le film qui nous représentait tous trois regardant attentivement l'image mouvante, le lin blanc toujours claquant au vent. Je fus épouvantée de ce qu'il ne l'était pas, ayant appris par expérience à quel point ses coreligionnaires étaient réticents à laisser prendre d'eux une image. Son attitude amusée et relax me démontrait comme faux quelque chose que je savais être vrai : qu'il ne soit pas inquiet était la bizarrerie qui m'inquiétait.

Enfin, puisque j'ai parlé d'un geôlier, pour une fois que j'en voyais un, aussi étrange qu'il ait pu être, je ne peux quitter ces régions sans faire mention d'une séquence répétitive attestant son côté carcéral : c'est la séance quotidienne, chaque soir, de contrôle de contention qu'il fallait subir. Ce n'était pas des menottes que je portais, mais des cordes qui me liaient les poignets derrière le dos. Sans compter que la plante verte sur le bras était encombrante ! J'ai vu suffisamment de films policiers pour penser écarter les poignets discrètement pendant que les noeuds étaient resserrés, mais ça ne marchait pas toujours et j'enrageais. C'était des infirmières agacées qui faisaient ce travail et à qui je faisais valoir l'inutilité de cette vexation : même les mains libres, qu'aurais-je pu tenter ? Parfois il m'est arrivé de les convaincre, aussi, selon les soirs, c'était la rage d'être ficelée ou la joie de les avoir trompées - mais toujours avec l'inquiétude rongeante de ne savoir le pourquoi de cette surveillance musclée.

On comprendra aisément, après tous les inconforts, les déceptions et les inquiétudes que j'en ai rapportés que je me sois trouvée enfin animée d'un désir légitime : celui de fuir ces lieux.

Le premier moyen de fuir que j'ai trouvé est tout à fait à la mesure des choses les plus insensées que j'ai rencontrées dans cette vie seconde, disons onirique. Chronologiquement, selon le déroulement des faits dans ma mémoire, c'est-à-dire après-coup, il se situe au début du voyage, mais rien ne peut scientifiquement le prouver : on connaît les perturbations de la perception de temps dans l'activité onirique. D'après mon souvenir, le début de ma vie parallèle se déroulait non pas dans ce goulag imprécis et verdâtre dont j'ai parlé, mais bien plus précisément dans un hôpital, et c'était un hôpital de Cherbourg. Pourquoi Cherbourg où je n'ai consciemment jamais eu envie de vivre, ni de mourir ? Ma vie professionnelle en tant que psychiatre et ma vie privée m'ont conduite dans la péninsule cotentinoise dont Cherbourg est la capitale. J'ai été appelée en consultation tant à l'hôpital maritime qu'à l'hôpital civil et j'ai travaillé à l'H.P. régional. À mon usage personnel, j'ai fréquenté la ville avec assiduité pour un traitement dentaire dont l'issue a prouvé que le praticien qui s'en était chargé m'avait gravement escroquée et estropiée : Cherbourg n'est pas pour moi un lieu de tendre nostalgie. Mais là j'y étais bien et de ma fenêtre je reconnaissais les murs gris et les arbres hivernaux sur lesquels les changements de lumière m'indiquaient la fuite des heures.

Je peux tout de suite marquer une précision qui n'est pas sans importance pour expliquer l'état confusionnel qui devait accompagner mon réveil : ce coin de mur et ces arbres sont dans la réalité encadrés par une fenêtre d'une salle de réanimation de l'hôpital Cochin où j'étais en fait, salle et fenêtre que j'ai revues récemment avec surprise, tant je les avais toujours pensées cherbourgeoises. Donc toujours ce même problème :

j'étais aveugle à la réalité, mais pourtant le paysage parisien qui éclairait mon lit a été transposé dans son intégrité dans cet hôpital provincial imaginaire où je me croyais. Il est vrai qu'à Cherbourg, l'arbre était plus riche qu'à Paris : presque dénué de feuilles sous le ciel hivernal, il était agrémenté de têtes d'hommes, plus décoratives que dramatiques. Leur présence vigilante m'étonnait pourtant, et surtout le fait qu'on ne m'en avait jamais parlé : j'aurais eu un arbre de cette sorte dans mon jardin, il me semble que j'en aurais été fière et que j'en aurais fait un but de visite. Ou alors ils ne le savaient pas ? Mais je n'osais en parler.

Voilà pour le lieu.

Mais quel moyen de fuite me proposait-il, dont j'ai prévenu à l'avance qu'il était fou ?

J'avais commencé logiquement par demander à mes visiteurs, toujours dans cette ambiance verte, de me rapporter des chaussures qui me permettraient de m'enfuir à pied, tout simplement. Et ceci conforte cette notion chronologique de début de l'histoire, c'est que là, à l'hôpital de Cherbourg, je marchais sans problème : aucun signe encore de handicap moteur. La séquence est donc antérieure à celle du fauteuil.

Mais comme pour le coup de téléphone, ce service demandé présentait d'insurmontables difficultés, malgré tous les renseignements que je donnais sans avarice : c'est à côté, allez à Continent, juste là de l'autre côté, au bout du port : il était évident que mes amis craignaient trop les représailles.

Si les chaussures étaient inenvisageables, restaient des solutions enivrantes, comparables à l'étendue de mon malheur : je m'enfuirai par la voie des airs. Mais je n'avais pas plus d'avion que de chaussures. Par contre, j'avais découvert dans cet hôpital une aile latérale truquée, comportant dans ses sous-sols d'énormes tuyères aptes à un décollage de fusée : au Parloir des Dames ! Cette histoire abracadabrante du Parloir des Dames pouvant prendre l'air n'est pas à mettre au compte d'un délire psychotique, mais simplement du souvenir de la lecture d'une nouvelle de Clifford D. Simak : les amateurs de science fiction s'y reconnaîtront. On y voyait la population d'un immeuble sournoisement manipulée par les «autres», des extra-terrestres en l'occurrence, puissants et invisibles, tout comme l'étaient mes geôliers, tout-puissants et inconnus - des maîtres invisibles -. Et puis, c'est ce qu'écrivait Simak, le jour dit, tout se mettait à trembler, les meubles à glisser, la vaisselle à tomber des étagères, des pans entier de plâtre s'écroulaient, qui avaient dissimulé les aménagements criminels, et au milieu des cris, l'immeuble entier s'arrachait au trottoir et montait, comme Arianne, majestueusement.

Et moi, dont «ils» ne s'étaient pas assez méfiés, j'avais découvert les tuyères dans les sous-sols du Parloir des Dames. Le problème était évidemment d'y être au bon moment, et je passe sur les avatars rencontrés avant d'y parvenir, et de me trouver dans ce petit immeuble indépendant de la masse de l'hôpital, qui a décollé effectivement et m'a emmenée... en Afrique. Mais les souvenirs, là, sont brefs et sans charge affective gênante. Ce que mon inconscient avait en charge de me présenter par une mise en scène circonstanciée, c'était ma vie d'incarcérée, de prisonnière dans un goulag de maîtres inconnus, et non pas une relation de voyage, toute effarante qu'elle soit. J'ai bien vu des amis chers installés dans une autre pièce de ce qu'il convient d'appeler une carlingue, indifférents à ma présence visiblement surnuméraire, qui me snobaient en dégustant des consommations, alors que j'avais encore une fois grand faim. Mes deux amis noirs vêtus de vert étaient bien là, à qui j'ai encore une fois demandé un croque-monsieur et encore une fois en vain. Non qu'ils aient voulu le remplacer par ce tripatouillage de nez dont ils avaient le secret, mais tout simplement parce que les fours du bord étaient en panne. Débarquée dans un désert de sable, comme il se doit, et seule, j'ai profité d'une revanche sur mes amis lâcheurs en trouvant sous les palmiers un estaminet réputé le seul à faire du café. Puis l'affaire a tourné court, j'ai été rapatriée sans semonce et sans punition : je ne peux pas me vanter d'avoir, ne serait-ce qu'une fois, pu mettre mes geôliers en colère : quelles que soient mes incartades, il est clair qu'à leurs yeux, je n'en valais pas la peine.

Après cette folle histoire, une autre tentative de fuite fut celle-là menée à bien, beaucoup plus vraisemblable et partant beaucoup moins spectaculaire. Mais, à l'encontre des aventures précédemment rapportées où le sentiment dominant était celui de l'inquiétante étrangeté, celle-là est, peut-être justement à cause de sa vraisemblance, très lourde d'émotion et d'affects. Ce souvenir-là, sur lequel se terminera cette revue assez grossière des séquences mémorisées, laisse une nostalgie profonde, le regret lancinant d'une victoire éteinte.

Pas de chaussures donc, plus de fusées, pas d'avion non plus : j'avais été jusqu'à consulter un ordinateur de plans de vols, mais il ne donnait que les départs des vols de l'aéroport de Munich...

Restait, bien sûr, la voiture. Mais l'achat d'une voiture m'était strictement interdit : chaque fois que je me trouvais en face d'un vendeur éventuel, garagiste ou autre, je le voyais prendre un air gêné et détourner la conversation. Pourtant, une fois, mes relations personnelles avec des gens du pays m'avaient mise en affaire avec un hôtelier de Valognes, le directeur de l'Hôtel du Louvre, un monsieur que dans la vie quotidienne je n'ai jamais vu. Ce monsieur, pour des raisons personnelles, voulut faire fi de l'interdit qui m'accablait et se dit prêt à me vendre deux petites camionnettes, à condition que j'accepte de les acheter toutes les deux. Prenant au pied de la lettre l'adage qui dit que mieux vaut pléthore que carence, j'ai acheté les deux voitures. Ma joie fut telle qu'à l'évoquer, elle me dilate encore aujourd'hui ; de ma fenêtre d'hôpital je pouvais les voir toutes les deux, rangées sur le terre-plein, devant l'entrée. Et je m'en vantais outrageusement auprès de mes visiteurs : ne vous en faites pas, je n'ai pas de voiture, mais deux : on pourra faire un vrai déménagement. Ces deux voitures ne m'ont plus quittée, témoins en somme de ce qu'il me restait encore la force de défendre ma vie.

Je n'ai qu'un vague souvenir d'avoir été subrepticement poussée dans une de ces voitures par un groupe d'amis par ailleurs chargés de paquets, et la fuite était réalisée, aboutissant à la belle demeure complaisamment décrite tout à l'heure. Leur mission salvatrice accomplie, les deux voitures étaient rangées dans la cour d'où, vides et immobiles, elles exhibaient leurs numéros d'immatriculation que je relisais sans cesse, contrôlant leur identité qui me confortait dans la mienne.

C'était l'hiver - février dans la réalité. Ma chambre était au rez-de-chaussée, et de mon lit je voyais la cour pleine de nuit mais brillante de givre. Les deux voitures, recouvertes de blanc-gelée, étaient stationnées contre la haie dont chaque feuille pliait sous le poids d'une croûte glacée. Le fond de cette cour était limité par une construction qui n'était autre que l'école du village. Du premier étage tombait la lumière d'une fenêtre encore éclairée : celle de l'instituteur, bien sûr, travaillant encore à la correction de ses copies. Et cette confrontation de nos deux vies s'ignorant l'une l'autre me plongeait, tout en contemplant le trésor de mes voitures, dans des réflexions inquiétantes : si ma propre existence en ce lieu me paraissait suspecte, lui, l'instituteur, travaillant là-haut dans sa chambre, il avait vécu avant que je n'arrive ici. Il avait fait ses études, passé ses examens, choisi ce poste. Bref, il existait indépendamment de moi... et pourtant, si je n'étais pas là, cette cour commune existerait-elle, et lui, là-haut, existerait-il ?

Que j'aie réussi l'achat de ces deux voitures avait été mettre mes gardiens en échec, me retrouver couchée dans cette maison en contemplation de la nuit me situait déjà hors du goulag, et que je mette en doute mon existence-même sous la forme qu'elle revêtait dans l'instant montrait bien que je soupçonnais quelque chose, comme n'être pas à ma vraie place, dans ma vraie vie. Mais alors, l'instituteur, là-haut ?

Car à tant parler de fuite, j'avais fini par réussir : je ne sais pas ce qu'est devenu l'instituteur, mais moi, je me suis retrouvé couchée à l'hôpital, entourée d'un bruissement : «ça y est, vous en êtes sortie vous voilà revenue, vous vous rendez compte, 47 jours dans le coma, etc. etc...»

J'avais donc une histoire intéressante à raconter à ceux qui viendraient me voir, et je m'imaginais la racontant : «figurez-vous qu'il m'est arrivé quelque chose d'étonnant, j'étais dans le... j'étais dans le...» et le mot ne venait pas. Je cherchais des circonlocutions : dans le... et j'ai trouvé un moyen mnémotechnique amusant : «j'étais dans la virgule» en allemand : dans le «Komma» et de rire en voyant sur un fond sombre des guirlandes de virgules roses et mauves. Il s'agit là encore d'un souvenir lointain : celui des cours d'allemand où l'on était tenu de lire un texte à haute voix, en signalant, chaque fois qu'on en rencontrait une : Komma. Cette résurgence de langue allemande a été accompagnée d'une autre, dans ce même temps, c'est-à-dire, sitôt le réveil. Je ne pouvais pas parler, ma voix étant éteinte par une trachéotomie, mais l'état de confusion où je me trouvais me faisait bénéficier d'un rare privilège : en allemand je pouvais parler. D'ailleurs, je m'entendais très clairement : je parlais de mon père, et ma voix résonnait à mes oreilles, forte et claire : mein Vater... Mais attention, ce n'était pas possible en allemand populaire : je ne pouvais m'exprimer qu'en «Hochdeutsch». Je n'en tirais pas une mince vanité, et me trouvais vexée du peu de foi apporté à cette fable par mon entourage. C'est vrai que j'ai le regret d'avoir beaucoup oublié cette langue que j'avais apprise avec plaisir, et qu'il est à remarquer que ces lointaines remémorations m'ont assaillie aussi bien dans le coma proprement dit que pendant l'épisode confusionnel qui a suivi.

Puis très vite les chirurgiens ont résolu de réintervenir pour refermer la trachée et le ventre. Je n'ai aucun souvenir de ces interventions, si ce n'est celui de la totale indifférence qu'elles m'inspiraient. Mes deux amis noirs vêtus de vert étaient toujours là, et c'est l'un d'eux, le longiligne au calot blanc qui me préparait à la salle d'opération : il me tripotait le ventre, doucement, avec une infinie patience, une infirmière, noire également - je me demandais si c'était sa femme - debout de l'autre côté du lit admirant son travail. Je me souviens avec précision de ces préparatifs puis je me suis retrouvée sans phase intermédiaire dans l'après-coup du travail des chirurgiens, avec ma voix revenue et le corps raide de pansements - et j'ai plaisanté avec mon ami au calot blanc : c'est toi qui m'as fait tout ça ? Je n'ai rien vu, rien senti : c'est de la chirurgie à la Mau-Mau que tu m'as faite là.

Enfin, c'est le soir même de mon passage effacé en chirurgie que s'est située la transition du coma à la réalité par la persistance d'un élément de l'un à l'autre, comme, dans l'autre sens, la plante verte de mon bras avait illustré le passage de la réalité au coma.

Le soir de l'intervention, alors donc que je pouvais parler, - bouger, il n'en était pas question et je ne m'en préoccupais en rien - j'étais dans un état de confusion que je nuancerai par des circonstances atténuantes. Le spectacle de ma fenêtre était inchangé, et les deux même noirs habillés de vert m'accompagnaient toujours. Pourtant je sentais bien que j'avais perdu mon commerce de grigris inhalateurs, ce qui ne manqua pas de m'inquiéter. Je me sentais si faible que je préfèrais m'en ouvrir sans attendre à l'infirmier noir venu me préparer pour la nuit. Or, c'était justement celui qui, dans ma vie parallèle avait tenu le rôle le plus important dans notre commerce, celui qui, à plusieurs reprises m'avait reproché de m'approprier sans vergogne des éléments de notre matériel. Partagée entre la crainte d'asphyxier de nouveau et la peur de me faire rembarrer par l'infirmier, je lui adressai donc ma supplique, avec des précautions oratoires : «ne m'en veux pas, tu sais ce que sont les malades, je sais que je viens d'être opérée, donc je ne risque plus de manquer d'air comme avant. Je le sais, mais j'ai quand même peur d'avoir peur. Si tu pouvais me prêter encore une fois un des paillassons, il suffirait de le laisser sur la table de nuit : je suis sûre que je n'en aurai pas besoin, mais je serai rassurée et m'endormirai sans problème». Et lui, qui effectivement connaissait bien ses malades, d'entrer dans mon délire sans faire de vagues, et de répondre en homme pressé ; «ça tombe bien, j'en ai justement un de disponible, je finis ma tournée et viens le déposer là : tu peux t'endormir tranquille».

Ce que j'ai fait. Et percevant dans l'après-coup l'incongruité de ce dialogue, je me suis abstenue de le remercier comme lui-même s'est tu à ce sujet. L'efficacité de sa réponse a été entérinée par notre silence à tous les deux.

Et la convalescence proprement dite a commencé, dans la confusion et les remémorations.

Si l'inconscient n'a cure de la dimension du temps, moi, du temps je n'en manquais pas dans ma recherche de la vérité. C'est vrai que tout, autour de moi, m'apparaissait confus et que mes dérapages de l'état vigile au sommeil où m'attendaient les créations oniriques se faisaient sans frontière repérable. Tout, dans cette absence d'événements, nageait dans le manque de référence au temps. Est-ce le voisinage de la mort qui l'avait à ce point désinvesti ? On m'avait dit que j'étais là depuis longtemps - possible - et que j'en avais encore pour un bon moment - possible aussi - mais je ne tenais rien de bien spécifique pour faire coupure entre ma vie retrouvée et la vie dont les souvenirs m'envahissaient de là-bas, dans le goulag, à l'hôpital de Cherbourg ou dans ma belle maison, tous lieux où le temps avait là aussi perdu ses dimensions.

Si le temps n'avait pas gagné en consistance, les lieux eux-mêmes n'étaient qu'en partie différents : la salle de réanimation, avec ses deux lits séparés par un paravent était bien nouvelle à mes yeux, mais la vue de la fenêtre était bien la même que là-bas, à Cherbourg. Donc rien ne me permettait d'être certaine de ne plus y être.

Avec cette même notion du temps insaisissable, cette identité du paysage, la perpétuation du même entourage me rendait la mise au point encore plus difficile. Les deux principaux personnages étaient toujours mes deux amis noirs, ici des infirmiers tels exactement qu'ils étaient là-bas à me préparer la soupe à la vanille, à me rendre des comptes sur notre société d'export-import, ou à me nourrir par les trous de nez. Pas la moindre variation dans leurs traits, leur allure, leurs vêtements verts, leur façon de parler que lorsque j'avais fait leur connaissance, là-bas, dans mon goulag. Alors si le lieu nouveau donnait sur le même arbre et le même mur que là-bas, si les hommes étaient ceux-là mêmes que j'y avais fréquentés, il m'était ardu d'établir la frontière essentielle que chacun me félicitait d'avoir traversée. C'est d'ailleurs bien à ces félicitations et aux encouragements qui s'en suivaient que je dois d'être définitivement passée du côté de la réalité : dira-t-on jamais assez la nécessité de ces confrontations amicales au cours de ces retours incertains.

Quant aux infirmières, nouvelles, elles, à mes yeux, elles avaient eu la gentillesse de m'offrir du thé : j'en ai conclu que c'étaient des anglaises qui avaient traversé le Channel pour trouver des conditions de vie plus agréables à faible distance. J'ai même été leur demander ce qu'elles trouvaient de mieux à Cherbourg que dans leur île. Mais elles n'ont pas eu le mouvement d'accompagnement de mon infirmier et complice et sont restées coites : j'en ai conclu que j'avais été indiscrète.

Enfin, ce sont mes amis qui ont été le plus embarrassés par mon embarras précisément à les remercier de venir me voir - à 350 km. J'avais pensé à la journée de travail perdue et à la fatigue du voyage - et ne me voyant pas digne d'un tel sacrifice, j'en devenais soupçonneuse. L'un deux l'ayant perçu m'enjoignit avec autorité de bien vouloir admettre que j'étais à Paris. Ah, bon, je vois, je dois être aux Enfants Malades ! Même dévoilée, la vérité me paraissait assez peu vraisemblable, quant aux Enfants Malades, ce sont des raisons affectives personnelles qui m'ont fait invoquer ce lieu, mais en chercher les raisons reviendrait à une autoanalyse qui n'a pas sa place ici.

Ce qui a été illustré jusqu'ici de l'expérience faite - et qui justement fait problème à tous ceux concernés par une aventure semblable - c'est que, paradoxalement, l'information passe, alors que les perceptions sensorielles sont inexistantes. Aveugle, sourd et insensible, le patient, nous l'avons vu, connaît ceux qui s'occupent de lui, est au courant de ce qu'il a subi et prend conscience de son infortune.

Mais «prend conscience» est justement là où le bât blesse, puisqu'il est «inconscient». En fait, il n'est plus relié à la réalité extérieure par les organes des sens mais il reste seul avec son inconscient comme seul partenaire. Et c'est ce dernier qui fabrique tout ce qui se passe et qui, par ce biais, traduit ce qui de l'extérieur devait aller émouvoir les parties du cortex destinées aux fonctions de perception.

Il traduit - au lieu de transmettre. Il traduit avec ses méthodes propres de substitution et de déplacement - de métaphores et de métonymies. Il reconstitue sous une forme apparemment onirique les perceptions que la conscience, elle, aurait reçues directement des organes des sens. Et il traduit sans prendre en compte, mais en s'en amusant à l'occasion, l'opposition entre l'ampleur des invraisemblances et la précision des détails : le désir effréné de fuite représenté par le décollage du Parloir des Dames avec vol sans escale jusqu'aux sables du désert, l'anoxémie par le frémissement d'un rideau de cretonne bordé de franges, par exemple.

Ce qu'un malade peut retenir de ces traductions, ce sont les souvenirs de ces productions oniriques qu'il oubliera, comme on oublie les rêves sur lesquels on n'a pas travaillé. Mais que le malade dans le coma soit précisément un psychanalyste, de formation comme de pratique, il est évident qu'il y a là une conjoncture privilégiée pour la recherche de la vérité de l'inconscient. Alors qu'il a l'habitude d'être à l'écoute de l'inconscient des autres, de soulever de temps en temps un petit bout de voile lorsqu'il a pu désenclaver une résistance, alors que d'autres fois il a eu la chance de pouvoir mettre en évidence un signifiant qui cachait son jeu, là, dans le coma, la seule chose qui lui parle, c'est son propre inconscient. Rien de l'extérieur ne vient distraire de la contemplation de ses propres phantasmes. Il se trouve devant une tapisserie déployée dont il ne distingue pas les petits points illustrant la surface balayée par ses deux yeux, mais, sans ses yeux, il est devant la tapisserie tout entière, le recul lui permettant de voir le sujet dans son ensemble.

Dans le coma, le psychanalyste est analyste à plein temps, sans temps perdu à vivre : j'ai eu ce privilège, et c'est le bénéfice secondaire d'un accident qui a bouleversé ma vie.

Le deuxième point dépisté à travers les épisodes rapportés jusqu'ici, c'est la constance de l'affect qui les a tous teintés : le sentiment d'inquiétante étrangeté devant ce qui restait bizarre sans récupération rationalisante possible. Ainsi le téléphone qui accepte de fonctionner avec 7 chiffres seulement, ainsi le magasin de photographie où l'on peut déjeuner alors qu'il n'y a pas de place pour ranger un appareil-photo, ou encore cette indéfinissable et permanente sensation de goulag, alors que c'est tout simplement à partir d'une perception différée de la réalité que s'est construit tout un cirque autour de l'idée d'une dépendance incontournable.

Rien là de terrifiant ou même de dangereux, seulement un extrême inconfort : l'inquiétante étrangeté dont Freud s'est préoccupé en y voyant justement les prémisses d'un problème grave avec la réalité.

La seule fois où l'inconscient a produit une acmé d'angoisse, c'est par sa révélation trop brutale de la paraplégie. Maladresse, sadisme d'un Surmoi tyrannique... mais ceci ne regarde que moi.

A ces deux points soulignés ci-dessus, la transmission paradoxale des perceptions par le travail de traduction de l'inconscient, et le sentiment d'inquiétante étrangeté provoqué par le bizarre de ces traductions, il faut ajouter que bien d'autres choses sont passées de cette vie à l'autre : il y a persistance, là-bas, des préoccupations qui régnaient ici.

Le plus frappant exemple est situé lui aussi dans le cadre de l'hôpital de Cherbourg, où je me trouvais bien sûr, avec mes deux infirmiers noirs, toujours présents, toujours actifs, inlassables témoins de ma vie seconde. Je les voyais, par ma porte restée ouverte bavardant avec leurs collègues dans une petite pièce de l'autre côté du couloir : ce qui correspond, sans plus nous étonner, très exactement à la topologie du service de réanimation où je gisais dans la réalité. Ils me couchaient sur un chariot et me baladaient dans les couloirs - ne pas oublier que j'ai été ainsi transportée 14 fois au bloc opératoire -. Mais à cette reduplication de la réalité s'ajoutait un détail qui signait le travail de l'inconscient : tout le long de mes hâtives promenades, je voyais des grands «H» majuscules peints en noir sur les plafonds. Où que l'on me conduise, les grands «H» noirs ponctuaient mon trajet, jusqu'à une petite chambre qui m'était réservée, avec son «H» au dessus du lit. J'ai considéré comme un privilège cette petite chambre pour moi seule et j'ai eu un élan de reconnaissance pour mon ami noir qui m'y avait conduite, mais mes courses dans les couloirs, sous les «H» ont repris, et je n'y suis jamais revenue. Je n'ai pas eu besoin d'être revenue à la conscience pour comprendre le pourquoi de ces «H» : dès le premier que j'ai vu, là-bas, j'ai su que «H» voulait dire hystérie et je me suis sentie directement concernée. C'est que quelque chose était là aussi passé d'un monde à l'autre, comme l'avait fait le brassard à prise de tension, mais cette fois sans maquillage aucun. Avant que la maladie ne me tombe dessus, je m'appliquais à rédiger un ouvrage sur l'hystérie. Et je me retrouve dans un lieu de séjour imprévu entièrement axé sur l'étude de l'hystérie : un pavillon spécial, à l'écart de l'ensemble des bâtiments hospitaliers. On y accédait par une petite entrée faisant filtre, puis on tombait sur le pavillon proprement dit marqué d'un grand «H» à la peinture noire. Dirigé par une dame que je n'ai jamais vue, le service assumait sous le sceau du secret des expériences sur les hystériques et dispensait aux chercheurs un savoir distinctif. J'étais donc bien à ma place en ces lieux et c'est une brève séquence où l'inquiétante étrangeté - qui aurait pourtant été de mise ici - a fait place à une vague satisfaction. D'ailleurs mon infirmer noir habituel, toujours vêtu de vert, est venu me transmettre une invitation à participer à une expérience et à assurer le remplacement d'un médecin du service : je n'avais qu'à descendre et surtout ne pas arriver en retard. Oui, mais revoilà revenue l'inquiétude : je ne devais pas oublier non plus une épreuve de bicyclette avant de commencer le travail. A l'heure dite, j'ai bien sûr et quand même voulu descendre : je leur montrerai que l'hystérie, j'en connais un bout. Mais impossible de descendre : j'étais seule, couchée, au quatrième étage, et j'étais paraplégique. J'ai appelé, j'ai pleuré, en vain : voilà la triste fin - mais combien morale - de la réminiscence d'une vanité professionnelle. La suite s'est dissoute dans une inquiétude dénuée d'étrangeté : dans ce service spécialisé, étais-je considérée comme une malade ou comme un médecin ? M'avait-on amenée sous ces «H» pour m'observer, ou pour me permettre d'y travailler ? Là-aussi, de quel côté étais-je ? J'ai cent fois posé la question à mes infirmiers verts, ils ne m'ont jamais répondu : ils avaient évidemment reçu l'ordre de ne pas me le dire.

Dire ou ne pas dire, là est la question. Et cette question que j'ai vécu là-bas comme lancinante introduit une autre préoccupation contemporaine à mon accident, passée toute entière dans mon univers carcéral : c'est celle de «la passe». Il s'agit d'une démarche expérimentale proposée par Lacan pour tenter l'analyse rétroactive par des témoins d'une analyse faite ou en voie de résolution : qu'est-ce qui a déterminé la demande d'analyse, quels ont été ses points d'articulation, qu'en a-t-il été du transfert, le passage d'analysant à analyste a-t-il été suffisamment travaillé pour déceler le désir qui l'a provoqué ? Voilà bien des années que j'y travaille et que je reste convaincue de l'intérêt essentiel de cette recherche, malgré la pauvreté des résultats obtenus jusque-là et qui avaient découragé Lacan lui-même.

Certainement quelque chose nous manque qui nous empêche de mettre à profit ce que passants et passeurs nous apportent. Un peu avant de quitter ma vie quotidienne de psychanalyste pour aller en voyage là-bas dans mon goulag inquiétant, j'avais fait un bref exposé devant un public de collègues où j'avais commencé à dire ce que j'avais peur de dire maintenant : à savoir qu'en s'engageant dans la passe, on pouvait aller si loin dans la connaissance de l'être humain que l'on risquait d'en revenir terrifié*. Fallait-il le dire ou non ? N'allais-je pas décourager ceux qui se sentaient tentés par l'expérience ? Ce que je venais de vivre m'apparaissait à mon réveil comme une expérience du même genre, et si je ne m'y étais pas portée volontaire, le risque me paraissait le même : de découvrir trop crûment la méchanceté voire le sadisme. Le savoir se paie peut-être trop cher pour laisser s'épanouir les pulsions épistémologiques. Pourtant, là-bas, dans mon goulag, une voix - la mienne - ne cessait de me répéter, invigorative, «Il faut leur dire... il faut leur dire».

Je me suis réveillée avec, dans mes oreilles retrouvées, ce même ordre réitéré. Et ce sentiment d'obligation m'a ramenée à un souvenir de là-bas, situé exactement pendant ma fuite en Afrique, dans le «Parloir des Dames» volant : si mes amis me snobaient en m'évitant, moi qui voyageais clandestinement, je les voyais s'amuser à faire tourner un chien dans une essoreuse. Or je m'appelle Diane : comme chacun sait, un nom de chien : c'était donc moi qui étais ainsi mécaniquement essorée. Que voulait-on faire sourdre de moi, si ce n'est des mots, et des mots... pour leur dire. Leur dire quoi ? ce que le chirurgien roumain a déclaré en pleurant devant les cadavres empilés : c'est pire qu'un tremblement de terre, je n'aurais jamais cru que

* Cf. *La passe, inquiétude, 1988.*

des hommes puissent faire des choses pareilles. Il n'aurait jamais cru, autrement dit, il n'avait jamais voulu le savoir.

La première fois que cet «il faut leur dire» s'est imposé à moi, c'est là-bas, dans mon goulag, au cours d'une de mes tentatives de fuite : il faut laisser à mon crédit que j'étais bien une prisonnière ne subsistant qu'à chercher l'évasion. J'étais alors déjà totalement incapable de marcher, allongée sur un lit que mes efforts les plus acharnés ne me permettaient pas de quitter. Mes infirmiers noirs et verts n'étaient pour une fois pas présents, mais j'étais étroitement surveillée par des dames en uniformes blancs, toutes silencieuses et paisibles, bon chic bon genre à recevoir le Bon Dieu sans confession. Ces femmes parfaites ne manifestaient à mon endroit strictement rien, si ce n'est une indifférence qui n'avait d'égale qu'une décisive surdité : elles allaient, blanches et quiètes, sans un mot, sans un regard. La réponse la plus longue que j'ai jamais obtenue est un «Une minute, Madame !» jeté par une porte entrebâillée qui s'est incontinent fermée comme une huître. Je n'avais demandé qu'un coup de téléphone pour moi qui ne pouvais y aller - autre mouture de ce coup de téléphone qui avait si mal fini. Le sentiment d'abandon a été si total, la sottise et la carence de générosité de mes gardiennes m'ont été si clairement révélées que j'en ai reçu comme une carte postale qui me dirait «n'oublies pas et surtout dis-leur». La carte me montrait avec grandiloquence effondrée sur un lit, en chemise, en larmes, les bras tendus en avant dans le geste conventionnel de la supplication : une reproduction en noir et blanc d'un Greuze, comme on pouvait en voir dans le Larousse Illustré.

C'est de là que m'est venu le premier «il faut leur dire».

Il faisait donc écho à ce que j'avais dit au cours d'un Congrès quelques temps avant d'entreprendre ce voyage imprévu, ce qui démontre que mes préoccupations d'alors m'avaient suivie et s'y exprimaient. Que je me sois retrouvée par la suite, lors de ma convalescence, dans l'horreur d'une même situation, avec ses expéditifs «une minute Madame» et ses multiples humiliations, risque de faire évoquer quelque chose de l'ordre d'une prémonition, puisque je n'avais jamais vécu une situation comparable auparavant. Mais cette notion de prémonition m'a paru éminemment jetable et j'ai préféré m'en tenir à ce constat, à savoir que j'avais vraiment été très loin dans la découverte de la bêtise et de la méchanceté humaine.

Comme dans «la passe».

Et comme, en fait, dans une fin de carrière de psychanalyste.

Ce que je voulais dire, c'est l'horreur perçue au fond de l'humain qui peut faire de l'homme un tortionnaire à tous les degrés.

C'est une découverte longue à réaliser, mais il est vrai que la psychanalyse y conduit.

Elle y conduit à différentes conditions qui - doit-on dire Dieu merci - ne sont pas toujours satisfaites. Elle y conduit si elle est freudienne et menée sans ménagements : ce qu'elle apporte dans ce cas, c'est un savoir - pas un traitement, pas une cure salvatrice, pas des conseils : seulement un savoir. Et c'est bien pour ça qu'à une interprétation qui fait mouche, le patient répond si souvent : «je sais bien, mais quand même»! La psychanalyse menée sans rigueur laisse tout à fait à l'abri des découvertes traumatisantes, tant le patient que son praticien. Dans cette forme, hélas bien répandue, d'analyse, tout le monde est content : le patient qui a plaisir à aller voir son supposé-savoir d'analyste qui saura gentiment le soutenir dans sa détresse et le conseiller dans son rétablissement - et le praticien lui-même, assuré d'une clientèle aussi nombreuse que satisfaite.

Mais, la psychanalyse, c'est pas ça - comme dirait Raymond Devos, un vrai spécialiste du signifiant.

La psychanalyse freudienne vous emmène jusqu'au bout, si on veut bien y aller. Et ce bout est justement ce qu'il ne faut savoir à aucun prix si on veut vivre tranquille le reste de son âge.

C'est-à-dire, dans l'ignorance.

C'est pourtant ce savoir, si on a le courage de l'assumer, - d'où la question : faut-il leur dire ? - qui permet de dépasser une vie banale balisée entre crainte et contrainte.

Et ce «faut-il le leur dire» à quoi dans mon goulag je répondais par l'affirmative, fait question au sujet même de ce coma où j'ai tenté de mettre au clair ce qui par définition ne l'était pas.

Est-il utile que l'équipe qui s'occupe d'un malade - médecin, chirurgien, réanimateurs, infirmières - se doute de ce qui se passe dans ce corps proposé à sa compétence. Est-il utile que l'anesthésiste connaisse le monde inquiétant où il projette son opéré ? L'ignorance n'est-elle pas là nécessaire pour ne laisser comme préoccupation que les informations multiples données par les tracés, cadrans, mesures, analyses de toutes sortes qui ont un rôle direct dans l'efficacité de l'action ?

Ce qui importe, c'est le tracé de la tension : qu'importe au réanimateur qu'elle soit représentée par une plante verte ?

Puisque ce coup d'oeil d'ensemble sur l'étendue de la vie parallèle déroulée dans le coma nous a ramenés aux préoccupations conscientes qui l'ont précédé, la boucle se ferme dont nous sortirons par une phase conclusive concernant l'essentiel de tout ce qui a été observé : le rôle omniprésent et tout-puissant de l'inconscient.

De cet ensemble d'événements étranges et inquiétants, quelques points importants se sont dégagés :

- le malade est seul avec son inconscient.

D'où le rôle privilégié d'un analyste seul avec le sujet de ses recherches, ce qui est le cas exposé ici. Un analyste dans le coma qui n'entend rien d'un discours extérieur est confronté entier et nu aux chaînes signifiantes de son propre inconscient. Si l'analyse nous a vite impliqués à prendre comme argent comptant les quelques rares et précieuses manifestations langagières de l'inconscient, une expérience comme celle-ci apporte le témoignage que ce travail de l'inconscient, cette gymnastique de signifiants est incessante, constante, soutenue par la vie heure après heure, même si cette vie est soutenue artificiellement par des machines qui font à leur place le travail du coeur, des poumons, des reins. Rien n'est prévu pour remplacer l'inconscient, qui fonctionne sans relâche - tant que ça marche. Freud ne voyait qu'une exigence à la qualification d'analyste : croire à l'inconscient. La persistance de sa domination dans un corps presque frappé à mort, l'efflorescence de son imaginaire, sa touche d'humour spécifique attestent de son existence - même s'il ne reste qu'un souffle de vie, il ne cesse de fonctionner. Pour l'éteindre, il n'y a en somme que la mort. Et encore... puisque voilà qui est contesté depuis si longtemps, par tant de gens, et pas parmi les plus sots ! La foi ne serait-elle que dénégation ?

- L'inconscient traduit avec ses méthodes propres les perceptions interdites par la panne physiologique. Au malade de s'y retrouver après-coup, entre les condensations et les déplacements, entre les métaphores et les métonymies, pour comprendre ce qui lui a été dit ou montré. D'où bien sûr l'intérêt pour nous que ce soit un psychanalyste dans cette situation d'observateur.

Cette vie en tête-à-tête avec son inconscient fait naître ce sentiment d'inquiétante étrangeté, une peur, en somme, qui répond directement à ce qui est montré. Tous les exemples cités racontent ça : peur des geôliers, peur de la faim, peur de l'asphyxie, peur des infirmières sadiques. Dès le réveil, dès la confrontation au réel, les raisons de ces peurs fantasmatiques - de l'incarcération, des menottes, ou même de l'arabe qui rigolait d'être filmé - toutes ces raisons de peur disparaissent, et avec elles l'inquiétante étrangeté.

La peur change de registre et devient «la peur dont on ne connaît pas la cause» : autrement dit l'angoisse. L'angoisse n'est pas ressentie lors des multiples et incroyables épisodes de la vie du coma - Dieu merci - mais elle naît dès le réveil, à savoir dès la confrontation à la réalité.

Si, dans l'histoire racontée ci-dessus, nous avons repéré l'angoisse une fois - dans l'épisode du fauteuil - c'est que là, malgré ses habitudes plus circonlocutrices, l'inconscient m'avait mise en face d'une réalité : celle de la paralysie motrice.

Donc, avec le réveil, il y a dénégation des invraisemblances puisque confrontation avec la réalité : l'inquiétante étrangeté spécifique à tout ce cirque est remplacée par l'angoisse.

- Le coma prend en charge les préoccupations qui précédaient son apparition, et l'inconscient, toujours de service, nous les présente, un peu condensées, un peu déplacées, mais néanmoins dans leur axe.

Et mon propos est de conclure sur un quatrième point qui découle des trois points comptés ci-dessus et les résume.

Cette longue période de coma a été vécue comme une incarcération, non pas en cellule, mais dans un espace sans limite et hors du temps, quelque chose comme un goulag verdâtre sans frontière visible, sans portes, peuplé de gardiens dont on perçoit toujours la surveillance et qui nous laissent apparemment libre de nos mouvements qui de toute façon ne nous apporteront jamais la libération.

Et il en est au retour comme de ces prisonniers dont la levée d'écrou est trop tardive pour apporter autre chose qu'une déstabilisation et une angoisse nouvelle devant la nouvelle menace qu'est cette liberté retrouvée, rendue après le pénible apprentissage de son interdit.

Nous sommes chacun destinés à une vie, avec son début qu'on ne choisit pas, ses avatars qu'on est impuissant à éviter, et sa fin qu'on ne peut prévoir : mais le rajout d'une autre tranche de vie dénuée de raccords logiques avec la première est un accident qui laisse avec son inquiétante étrangeté une cicatrice que je crains indélébile. C'est un soulagement de pouvoir en analyser des morceaux puisque c'est la possibilité de les raccrocher au cours normal de la vie qu'on a malencontreusement et transitoirement quittée. Mais tout ce qui reste mystérieux, non conforme, tout en restant sur des bases affectives suffisantes pour éliminer la psychose, laisse une peur : la peur que «ce ne sera plus jamais comme avant».

Avant quoi ?

Avant le goulag, justement, le contrôle incessant qui y règne, cette privation de liberté et d'autonomie, cette sensation de n'être jamais un être humain à part entière.

Mais ce goulag, il est représentatif de quoi ?

Et la réponse s'impose poussée par l'évidence : de l'inconscient.

Ce qu'on a jusqu'à présent trouvé, c'est que l'inconscient est le seul partenaire du malade plongé dans le coma, qu'il est le seul à compenser la perte des fonctions sensorielles, qu'il perpétue les préoccupations de l'état vigile : de quelque côté que l'on ait cherché, on a toujours trouvé l'inconscient. Alors quand on pose une question qui groupe l'ensemble des autres, la réponse est directe : c'est l'inconscient.

Notre inconscient est à chacun de nous son goulag portatif personnel.

Sans frontière précise, peuplée de geôliers invisibles qui ne nous quittent pas de l'oeil et nous laissent une liberté apparente puisque vaine.

Mais cet inconscient - goulag est-il spécifique à cette tranche de vie parallèle - où il est sans concurrence - ou bien cette formule «goulag» est-elle applicable à notre inconscient quotidien ? La réponse paraît aller de soi : nous tous sujets-parlants, dominés par le signifiant, surdéterminés, «sujets-barrés», même, n'avons-nous pas, jour après jour, convenus être dans un goulag ?

On le savait bien, mais quand même...

On le savait bien, mais on n'a jamais rien refusé des systèmes éducatifs et défensifs qui nous mettaient à l'abri de ce savoir. On sait aussi que «libre arbitre» n'est qu'une formule, car cet arbitre libre, c'est qui ?

Il nous faut bien admettre que tout choix que nous sommes fiers de faire en toute liberté n'est que névrotique, que toute décision longuement réfléchie ou violemment prise sur une impulsion vient du fond de nous-même, de notre sincérité... donc, de notre inconscient qui décide, lui, en économie avec des conflits ignorés de notre vigilance : tout notre comportement n'est qu'effet de la chaîne signifiante qui se trouve être la nôtre. Nos amours sont névrotiques, comme le sont nos réussites et nos échecs, comme le sont nos maladies. Nous ne choisissons rien, nous ne décidons rien : c'est choisi pour nous, c'est décidé pour nous. Un psychanalyste ne peut refuser ces énoncés, lui qui a appris que nous étions surdéterminés, voire barrés.

En fait nous sommes tous et toujours comme j'étais là-bas, avec ma plante verte sur le bras : sans cesse surveillés, sans cesse dirigés par d'insaisissables geôliers, jamais considérés comme êtres humains à part entière - ça doit être ça le sujet barré - malgré de belles performances dont la réussite nous échappe.

Ce goulag vécu pendant le coma, c'était ça : la confrontation avec l'inconscient sans aucune des défenses, des illusions, des vaines espérances, des pseudo-libertés dont nous peuplons notre vie pour nous cacher notre dépendance.

Puisque pour ce faire, rien n'a été épargné, et on peut ajouter «Dieu merci» sans vergogne, puisqu'on n'a jamais hésité à se servir de lui pour ce faire. Remplacer le savoir, denrée trop lourde à nos frêles épaules de mortels, par la Foi, porteuse d'espérance. Mais attention, l'espérance, c'est comme l'amour : c'est bien agréable, mais ça induit en erreur.

Depuis notre plus jeune âge, depuis l'apprentissage de la propreté, nous avons tout appris pour recevoir l'espérance et éviter le savoir - savoir sur le réel, savoir sur l'inconscient - depuis la politesse puérile et honnête jusqu'à la lecture de nos bons auteurs, toute l'éducation nous conduit à vivre sans faire d'histoire dans notre goulag personnel - puisqu'on n'en sait rien.

Mais voilà : dans le coma, toutes les défenses ont disparu.

Et quand il ne reste plus qu'une vie physiologique, sans travail intellectuel possible, la psyché se réduit au goulag solitaire, étrange et inquiétant.

Dans le coma, inconscient, on l'est : c'est passer de l'avoir à l'être.

J'ai tenté de mettre au clair un discours des plus obscurs qui soient : celui créé dans le coma.

De cette position singulière de psychanalyste inconscient au sens propre du mot, j'ai voulu, au delà de quelques cuistreries résiduelles témoignant de mon professionnalisme, affirmer que l'on pouvait en dire beaucoup, et que c'était un point de vue incomparable sur le paysage brumeux de l'inconscient.

BIBLIOGRAPHIE

Jean Amsler, «Deux traducteurs parlent», *Magazine Littéraire n° 146.*

Lou Andreas-Salomé, *Correspondance avec Sigmund Freud*, suivie du *Journal d'une année (1912-1913)*, collection Connaissance de l'inconscient, N.R.F., Gallimard, 1974.

Ilse Barande, *Sandor Ferenczi*, Petite Bibliothèque Payot, 1972.

Michel Carrouges, *Les Machines célibataires*, Editions du Chêne, 1976.

Janine Chasseguet-Smirgel, *Pour une psychanalyse de l'art et de la créativité*, Payot, 1971.

K.R. Eissler, *Talent and genious. The fictitions case of Tausk contra Freud*, New York, Quadrangle books, 1971.

Dr Sandor Ferenczi, *Oeuvres complètes*, Payot, Paris, 1970.

- *Thalassa*, «Psychanalyse des origines de la vie sexuelle», Petite Bibliothèque Payot, 1972.

Sigmund Freud, *le Mot d'esprit et ses rapports avec l'inconscient*, Payot.

- *Correspondance 1873-1939*, collection Connaissance de l'inconscient, N.R.F., Gallimard, 1966.

Wladimir Granoff, *Filiations*, «Arguments», Les Editions de Minuit, 1975.

Mme Pauline Guizot et M. Guizot, *Essai historique sur la Vie et les Ecrits d'Héloïse et d'Abélard*, et suite de *l'Essai*, E. Houdaille, Paris, 1839.

Jaako Hintikka, *Knowledge and Belief*, Ithaca and london, Cornell University Press, 1962.

Histoire de la Philosophie, Encyclopédie de la Pléiade, N.R.F., 1962.

G. E. Huges et M. J. Cressell, «An introduction to modal logic», London, Methuen : Et. Co. Ldt, 1968.

Ernest Jones, *La vie et l'oeuvre de Sigmund Freud*, P.U.F., 1969.

Louis Jouvet, *Molière et la Comédie classique*, Tragédie classique et Théâtre du XIXe siècle, Gallimard, 1970 et 1968.

Jacques Lacan, *les Formations de l'inconscient*, Livre V, 1957/1958, séminaire inédit.

- *Le transfert*, Livre VIII, séminaire inédit.
- *Les quatre concepts fondamentaux de la psychanalyse*, Livre XI, 1964, Paris, Seuil, 1973.
- *L'acte psychanalytique*, Livre XV, séminaire inédit.
- *Encore*, livre XX, 1972/1973, Paris, Seuil, 1975.

Walter Laqueur, *Weimar*, Robert Laffont, 1978.

Pierre Legendre, *L'Amour du censeur*, Seuil, Champ freudien, 1974.

O. Mannoni, *Freud*, «Ecrivains de toujours», Seuil, 1968.

«Psychanalyse à l'Université», *tome* 2, n° 6, mars 1977.

Paul Roazen, *Animal mon frère, toi*, Payot, 1971.

Michel Serres, *Esthétiques sur Carpaccio*, collection savoir, Hermann, 1975.

Victor Tausk, *Oeuvres psychanalytiques*, collection Sciences de l'homme, Payot, 1976.

«The psychoanalytic quarterly», *volume XLI n°4*, 1972.

DANS LA MEME COLLECTION

Problèmes actuels de la psychanalyse

Lacan et la question du métalangage,
Mireille Andrès.

Poil de carotte ou l'Acte psychanalytique en institution,
Odile Bernard-Desoria.

Le père et sa fonction en psychanalyse,
Joël Dor.

Le trait du cas,
Claude Dumézil.

La psychanalyse, chemin des lumières ?,
Michel Fennetaux.

La langue indiscrète,
Marco Focchi.

La Topologie ordinaire de J. Lacan,
Topologie lacanienne et clinique analytique,
Jeanne Granon-Lafont.

Psychosomatique et cancer,
Jean Guir.

L'enfant illégitime,
Gérard Haddad.

La place de l'amour en psychanalyse,
Maurice-Moshé Krajzman.

Le compagnon des voyages de Freud,
Jean Lombardi.

Horsexe,
Nobodaddy, l'hystérie dans le siècle,
Catherine Millot.

D'une logique de la psychose,
L'Exception féminine,
Le dénouement d'une analyse,
La névrose infantile de la psychanalyse,
Libido illimited, Freud apolitique ?,
Gérard Pommier.

Essaim, Fascicule de résultats n° 1 de topologie en extension,
Jean-Michel Vappereau.

Oedipe, reviens, tu es pardonné,
Patrick Valas.

Le plus sublime des hystériques, Hegel passe,
Ils ne savent pas ce qu'ils font,
Slavoj Zizek.

FREUD BACK FROM AMERICA

Incidences freudiennes de l'écrit,
Jorge Luis Borges, Bernardo Gandulla.
Leopoldo Torres Agüero, Isidoro Vegh.

Une pratique de discours en psychanalyse,
Roberto Harari.

HORS COLLECTION

L'Amitié,
(ouvrage collectif).

Jeu de Babel,
François Flahault.

Candelaio,
Giordano Bruno,
(adapté et présenté par Jean-Noël Vuarnet).

Jabès, le livre lu en Israël,
(ouvrage collectif).

ACHEVE D'IMPRIMER
SUR LES PRESSES DE L'IMPRIMERIE
TARDY QUERCY (S.A.)
46001 CAHORS

N° d'impression : 0946F
Dépot légal : décembre 1990
Imprimé en France